中江兆民
と
自由民権運動

長崎 浩

月曜社

目次

4 合法無血のクーデタ　80

5 政論家中江兆民、登場　91

6 兆民と一緒に読むルソー（一）　民約共同体　119

はじめに

自由民権運動の展開とこれに呼応した中江兆民の政論活動、そして両者を仲介したはずのルソーとその民約訳解と、私は本書でこれらを折り重ねるようにして読みながら、日本近代における政治の一断面を、そのとば口のところで描こうとしている。

自由民権運動は前後二つの画期をなしていた。西南の役の後、明治一三年にかけて全国各地から民権結社が一斉に蜂起した。国会開設請願運動である。これは時の藩閥政府を追い詰めて一四年の政変というクーデタを惹起し、同時に国会開設を約束する明治天皇の勅諭をもたらした。次いで明治二〇年、今度は目前に迫った国会開設に呼応する形で、三大事件建白・大同団結と呼ばれる民権運動が再燃した。私はこれらの運動を「結社の乱」と名付けて摘要するとともに、その全国評議会を目指した国会期成同盟第二回大会（一三年一一月）の終始をドキュメント風に綴った。その政治的無能さも含めて、ここに自由民権運動の頂点と栄光があると見なしてのことである。同時に、この運動内部のいわば党フラクションとして、土佐に発する愛国社の人民革命路線の帰趨を追っている。

そして中江兆民である。兆民の言論活動はこれら二つの民権運動にまたがって展開されたのだった。国会請願運動の前後では自由新聞における論説である。現実の運動の機微には全く関知しない自由民権の理論走った煽動文書であった。とはいえ、私塾（仏学塾）での教育情宣を同時に進めており、「兆民は従来の民権論者と違って事実でなくルソーの法理論を論拠にしており、一時壮年血気の士を喜ばせた」とする評判もあったようである。当時の兆民の論説としては、国会論、政治党派と党派闘争、そしてルソー・孟子ばりの道徳論とが注目に値する。いずれも、第二期の運動のテーマとして引き継がれる論点である。

天皇による国会開設勅諭と政変によって、民権運動は政府に舞台を奪われてしまうが、この停滞期には兆民の理論活動が集中する。民約訳解を始めとした翻訳と著書である。今日でも、ルソーの社会契約論は「つとに中江兆民の民約訳解によって日本につたえられ、自由民権運動の精神となった」（桑原武夫）とされる、その民約訳解である。そこで本書で私はこの翻訳とルソーとを合わせて読み、「自由民権運動の精神」なるものを探ってみようとしている。実情は、一筋縄ではいかない。それというのも、戦争と革命の二〇世紀を経て、社会契約論のルソーは民主主義の父とも、逆に全体主義国家の淵源とも評価されているからだ。この両極端に挟まれて厄介な「ルソー問題」を今日に残している。私はむしろこの二〇世紀の経験から翻って民権運動の精神を跡付けたい。ルソーをも民約訳解をも、この観点で読むというのが本書での私の意向である。

たしかに、「自由権の亢張」の呼びかけがそこにはある。「壮年血気の士を喜ばせた」のである。「泣いて読む盧騒民約論」（宮崎八郎）である。だが、ルソーの本旨は言うまでもなく社会契約と契約を通じて形成される民約共同体にある。ルソーのこの「政治体」は時の民権結社の盟約を鼓舞するものであったが、しかしそれをはるかにはみ出す剣呑な性格のものであった。二〇世紀の革命における一枚岩の政治的かつ倫理的な共同体とか前衛党とかを想起すればいい。政治体の分裂抗争という革命の宿痾もまたこの反面の経験であった。たしかに実際、ルソー自身もまた兆民も、こんなことは知らない。それでも、フランス革命とパリコミューンの惨禍を熟知していた兆民が、その言論活動の早い時期から党派と党派闘争を繰り返し論じるのも、民権運動への応答であると同時に、二〇世紀の経験のその「はしり」だったと振り返ることができる。ルソー自身が「死ぬほど嫌い」だと告白し、その政治体から（定義上）締め出したはずの私党同士の争いである。本書の第五章と六章の「兆民と一緒に読むルソー」が、無邪気に「自由民権運動の精神」の顕彰などにならなかった所以である。

そして実際、自由民権運動の第二期になれば運動にたいする兆民の関りは、諸勢力の「兄弟喧嘩」にたいする「大同団結」の呼びかけになる。呼びかけ人として初めて運動の実際に深入りするのである。だが、すでに運動は第一期の頂点を過ぎてしまっていて、結社と自由党など政治集団それぞれの分裂抗争こそが兆民の与件となった。兆民の言論活動も第一期とは打って変わって、もろに政論という性格のものとなる。しかも、幸徳秋水が後に評したように、政論記事が「沖天の勢い」であふれ出る。論点はここでも党派論である。加えて、政治体における国会、人民集会そして政府の位置付けというルソーの論点が具体的状況の中で展開された。主として大阪の東雲新聞の「記者」としてであった。中江兆民の言論活動の頂点である。

次いで衆議院議員選挙と帝国議会の開催となる。この時期にも、兆民は急ごしらえの再興自由党の主要メンバーかつ論客として、党機関紙に連日のように登場する。その挙句が、「無血虫の陳列場」なる告別状を叩きつけての衆議院議員辞職である。よく知られたことであろう。そしてこれが、政論家中江兆民の終わりにもなるのだった。

以上を通じて、私は中江兆民の言論を政論と言い、本人を政論家と呼んでいる。政論家という言葉で私が思い出すのは、レーニンがその晩年に自分のことを好んで政論家と称したことである（訳語が政論家でいいのかどうかは今はおく）。党の綱領でも理論そのものでもない、署名のある言説である。それでいて、味方と恃む勢力の息吹に背を押されるようにして言葉が発せられる。同じ息吹と同じ言葉を仮想の相手に吹き込もうとする。そして今、時空を隔てて私がこれらの言葉を読むとする。時の政治状況を伺うことができる。これは同時に、アピールする本人の立ち位置を、政治の渦中に読むことに他ならない。自伝でも評伝でもない、理論でもない。事実としての歴史でもない。私は兆民の言論活動をこんな意味でリアルタイムの政論として追いかけてきた。中江兆民全集一七巻の内にいる兆民を、政治文書として読むと言ってもいい。運動家たちの発する言葉にたいしても同じことであって、私は自由民権運動の「ドキュメント」を政論集として構成しようとしている。

歴史上の政治的人物にたいするこうしたアプローチが、偏ったものだとは承知している。それでいて、時代の政治の切り口にいくらかでも特徴が出せたらと願っている。

本書の出版に当たっては、前著と同じく阿部晴政氏と月曜社の神林豊氏のお世話になった。重ねて心からお礼を申し上げたい。

中江兆民と自由民権運動

1　結社の乱　国会創設を目指して

国会開設請願運動

自由民権運動が全国各地の多様な結社から成り立っていたこと、これは顕著な特徴でありよく知られている。結社の総数は明治七年から二三年までの集計で二〇五五社に上るという。地方別では関東地方（神奈川一四一社、茨城一二〇社など）と高知県（二三四社）が多い。旧薩長両藩も含めて都道府県もれなく結成された。米国でも在米結社一二社を数えるという。これら結社とは何者だったのか。結社を組んで運動した者たち自身がまずは問わねばならない、我々は誰なのだと（以下、民権結社とその請願運動については主として江村栄一編『自由民権と明治憲法』一九九五年所収の福井淳および新井勝紘の論文による）。

もともと、明治七年の名高い「民撰議院設立建白書」が契機になった。これは征韓論に敗れて下野した元参議の板垣退助、後藤象二郎、江藤新平、副島種臣、それに海外渡航歴のある元吏員四人が、合法的に左院に提出したのである。建白書は有司専制を批判して、その正当性なき権力独占が日本の「国家土崩」の危機を生み出しているとする。この危機を救う唯一の道は民選議院の設立である。そして返す刀で、租税を負担する人民には政府に参与する権利があると主張する。この権利を保障し共に官民一体となって日本国家を救わねばならない（明治文化全集1、憲政篇）。

建白書は新聞や演説会を通じて全国に波及して、大きな反響を巻き起こした。建白書の提出にあたって彼らが同志集会の場として東京に設けたのが、そもそも最初の民権結社であったという。他方で、板垣の地元土佐では立志社が結成されたが、当初これは没落士族の授産事業のためのものだった。とはいえ地方結社の先駆けである。とりわけ西南戦争の後に、立志社は民権運動の大先輩のごとくに新たな結社の参照枠であり続ける。各地の結社の主立ちが土佐を訪れる。次いで、立志社からの流れが民撰議院設立建白運動の連合推進母体として結成したのが愛国社になる。板垣らの建白書提出が全国に大きな衝撃を与えるとともに、立志社という先駆けの権威があいまって、以降この潮流を愛国社系結社と見るのである。愛国社については次章で取り上げる。

さてこうして明治一三年に入ると、岡山県一二七七町村有志人民総代、そして福岡県九三三町村総代からの二つの建白書を皮切りに、大分県一五二町村五八〇名、宮城県会議員二二人、広島県有志六二〇〇名と、波状的に建白書が提出されていった。さらに愛媛・茨城・栃木など一府九県二七名の県会議員も建白した。国会開設の建白書と請願書の集計を見ると、明治七年が建白書一五、以降は両書とも一けた台で推移するが明治一三年にそれぞれ五〇と三八に跳ね上がる。翌一四年までの合計は建白書九二と請願書四五、あわせて一三七に及ぶという（前掲、新井勝紘）。両文書の区別は、建白書は元老院へ請願書は政府太政官への提出であるが、実際は結社代表が両機関に押しかけることも多い。

結社の代表たちが引きも切らず上京して来るだけではない。新聞の発行と演説会の開催がまた爆発する。東京日日新聞が明治一三年を回顧して記しているが、「国会開設の冀望は十三年に至りて益々其気勢を熾にし、凡そ新聞の載する所、演説に論ずる所、みな国会の議にあらざるは莫き迄に及べり」。愛国社は本年二月に統一願望書を太政官に提出したが受理されない。「これを国会請願の嚆矢として」、志士たちが上京して請願書を太政官に、建白書を元老院へと、「陸続として絶えず」。尊王鎖国論の時のごとしだ。「演説の勢力は、十三年に於いては、殆ど新聞と相並びて社会の両翼となり、輿論の両輪たるに進みたり」(明治文化全集25、雑史篇)。

明治一二年から翌年にかけて、民権結社の結成と活動を爆発させる何かが起こったのである。

維新第二革命と結社の蜂起

振り返れば、何よりも西郷隆盛の西南戦争の敗北があるだろう。明治一〇年のことである。これによって全国にくすぶっていた不平士族も行き場を失い、士族なる身分の解体が進む。立志社では西南戦争応撃派と、逆に政府復帰派とに分解し、戦後に再編される形で政社としての立志社になったのだという。次いで、地方結社の隆盛、これには地方三新法(一一年)、続いて区村町法(一三年)の制定が大いに関係しただろう。府県議会、町村議会が設けられて自治と地方税の共議権が認められた。彼ら議員たちは地方官会議傍聴のために大挙して上京し、これが弾みになって帰郷後に国会請願結社の派遣に奔走した。言うまでもなく、地方の地主や名士がこれら議員と民権結社の代表を兼ねることも多かった。先にも触れたが県会議員たちの請願結社も珍しくない。

さらに翻れば、廃藩置県(明治四年)が維新後の新体制の出発点となった。藩に縛られていた士族は行き場を失う。村単位だった農民という存在も個別化されて地租が割り当てられ、これにたいしては広範な農民一揆が発生した。デフレ下で地租は割高のままであり、地租軽減はその後の地方からの要求の定番になっていく。ただし、西南戦争後のインフレにより米価が高騰して地主たちが楽になったこと、これが地方結社の結成を促した。

維新後のこうした状況を背景として、あたかも思いがけず、板垣らの国会開設建白書が提出されたのである。翌年には政府も天皇の「漸次立憲政体樹立の詔」でこれに反応した。全国から結社代表を大阪に集めて討論協議する結社の連合体を目指して、明治八年には愛国社が結成され、西南戦争後（明治一一年）に再興されて以降の運動の結節点になっていくだろう。要するに何だろう、明治維新で薩長藩閥人士が王政を復古し、バタバタと藩体制を解体して近代国家の政治軍事体制を目指した。だが、どの革命でもそうだがやり残しと欲求不満が避けられない。第二革命がこの後を引きずって革命を完成させる（と称する）、あるいは第二革命が起きては敗北する。この意味での明治維新の第二革命が明治一三年に頂点を迎え、そして一四年の政変において一敗地にまみれながらも、形を変えて尾を引いていく。全国の結社による自由民権運動、そしてこれにたいする藩閥政府の応答こそが、維新の第二革命だった。こんな見取り図を立てておこう。

では、維新第二革命の主体、民権結社とは何であったのか。その数と全国的な広がりと息の長さ、これについてはすでに述べた。結社とはもともと盟約集団のことであり、そこで参加者は個人的な決意を確認するばかりではない。従来の社会的存在を棄てて、結社の人格に自己を自ら拘束することを約束する。その結果、結社は成員みな平等のアナーキーな政治体ともなり、反対に極端に権威主義的なヒエラルキーに各人を縛ることもある。秘密結社から大衆の政治的同盟についてまで、これが集団としての結社の性格である。ルソーではないが、結社では「人は自己をすべての人に与えて、しかも誰にも自己を与えない」。私は昔この意味での政治集団を『結社と技術』（一九七一年）で論じたことがある。この本のタイトルにある「技術」とは結社の盟約と行動のスタイルのことである。民主主義であれ何であれ結社の本質はそのイデオロギーや階級構成ではなく、盟約自体にある。民衆の蜂起は各人の既往を激しく揺さぶり解体するのだが、その上に最初に形成される集団が結社である。そう考えてのことであった。

さらに、本書のこれからの論旨を先取りして言うが、ルソーの「政治体」、つまり契約共同体の結成を広く結社の意味で受け取りたい。ルソーの政治体は初めから「国家」と受け取られがちだが、市民社会にたいする国家のことではない。国民国家でもない。もっと規模を小さくコンパクトにし、かつロカリティー（地域性）をまとった「団体」がルソーの政治体である。独自の意志と法の下に結束し活動する。全体主義的で集権的な「党」に化けることもある。政治結社もルソー的な意味での政治体に属する。民権結社のこのような性格が、国会開設後の自由党・改進党など、「政党」の時代にまで尾を引いていくことになろう。結社という政治体と議会制民主主義における大衆政党という存在の間の、概念の相克が、明治憲法体制の最後まで自由党を右往左往させる。これが私の見通しである。「このルソーの名著（社会契約論）は、つとに中江兆民の『民約訳解』によって日本につたえられ、自由民権運動の精神となった」（桑原武夫）。これが一般的な受けとり方であろうが、ルソー・兆民・民権運動の精神の関りははるかに錯綜したものになるだろう。

結社の多様性

自由民権運動における結社がただの近隣民衆の一時的な集合体でなかったことは、今振り返っても目ざましい特徴であった。典型例では規則を定め、幹事を選び互選により代表を選出する。社員は推薦と資格審査、紹介や投票を経て認められ、自ら趣旨に誓約した者に限られる。その周りに例えば請願書に署名する地域の広範な住民支援者が存在する。結社が地域代表とか総代と称するのはこの場合である。各結社の正式代表だけが、愛国社や国会期成同盟など連合組織への加盟あるいは出席を認められる。大阪や東京で開催される全国集会への代表派遣の旅費や滞在費など、費用は結社が負担する。幕藩体制解体による身分的な靭帯の喪失を思えば、これが即ち一揆とか大衆暴動などに繋がらずに、この時期運動とともに政治結社に人格を再統合したことは驚きに値する。民権結社はそれぞれに盟約政治体である。

一例として河野広中らの福島県三師社の社則（明治一三年三月）から拾ってみる（庄司吉之助『日本政社政党発達史』、一九五九年）。まず旨趣（我々同志者豈《あに》聖旨に奉答する所以を知らざるべからざるなり。仍て我々同志契約連印を以て誓い……）。次いで社則として、結社総則（入社資格など）、会議章程（会議の持方など）、役員職制、傍聴人規則、そして社金の事と続き、それぞれに細かい規定が列挙される。こうした趣意書・規則書の作成はこの時期の結社の通例であり、結社盟約のいわば共通スタイルをなす。結社の連合組織でも同様だ。

とはいえ、明治一三年に頂点を迎える明治の結社は外見上はまさに雑多、規模も目的も文字どおり千差万別に見える。戦後史学では自由民権運動は「天賦人権」「民主主義」など、イデオロギー先行の枠にはめられていたろうが、その反動で、近年では民権結社が地域ごとに一つ一つ調べられるようになっている。数とバラエティーそして地域性が膨大な数になっている。それを今さらながら一つにまとめるがごときは気が引ける。ただ大きく、愛国社系統の政治結社、在地結社、そして都市結社の三系統に分類されているようである。東京大阪中心の都市結社と対比して、それ以外の地方結社を在地として区別している。このうち活動のバラエティーが最も多い都市結社がカバーするのは、政治・情報・親睦・産業・扶助・学習・学術に及ぶ。愛国社系でも在地結社でも多かれ少なかれ機能は多様である。

とはいえ、自由民権運動の結社を取り上げるなら、これがいきなり政治結社であったことは特徴的なことである。幕末の百姓一揆や維新直後の地租改正反対運動など、民衆暴動につながる結社は存在したが、概して地方人士による政治的な結社の組織化が先行している。地域の民衆反乱という基盤を欠くというこの特徴が、よくも悪しくも、自由民権結社の行動を制約づけてもいるのである。彼らが唱えた人民、全国人民とは誰のことだったのか、そんなものは存在したのか。結社と地域人民との政治的見識の隔たりをどうする。この問いが結社のその後の消長を決めていくだろう。例外は民権運動が収束した後（明治一七年）の秩父困民党の蜂起であり、さらに言えば、政治運動をはみ出して広がったデクラセ（階級解体後の）民衆のトンデモ結社であったろう。

ここで、後の全国同盟の場にも登場するので、民権結社として代表的なものを次に摘要しておく。

筑前共愛会　これは他の結社とは違い筑前九三三町の全住民の組織として構成された。各町村、郡、筑前国へとそれぞれ戸数に応じた代表を選出し、積み上げて連合本部を組織する。地区の政治的代表という全体的な構造を持っていた。地域の有志代表という性格でないこの特異性が、その後の共愛会の行動を独特なものにしていくだろう。結社としては遠山満の玄洋社などがこれに属した。

石陽社・三師社（福島）　河野広中が代表である。石陽社は会員数約二〇〇名、三師社は河野の地元三春で結成されたもので会員八〇名である。河野は結社代表として早くに土佐に板垣を訪ねて愛国社に同盟している。地方の平民結社のはしりという存在である。

自郷社（越前）　杉田定一が代表。杉田もまた板垣を訪ねており、愛国社に盟約している。杉田の結社は村単位で全村を挙げて結集する建前をとり、一二六村が参加した。背景に地租改正不服従運動に参加した一三七九村がある。このうち国会開設請願に参加は一四〇村である。

嚶鳴社《おうめいしゃ》　司法省の沼間《ぬま》守一が代表。後に立憲改進党の中心メンバーとなる。都会結社の代表格で(元)官吏と都市知識人がメインの会員である。入社には社員の紹介と出席社員の投票が必要。主として討論・演説会と新聞・地方遊説を展開する。東京区会・府会にも進出し、沼間は府会議長に就任した。

以上は広い意味で国会請願運動の民権結社と言っていいだろうが、これに批判的な都市結社として、交詢社《こうじゅんしゃ》がある。常議員長福沢諭吉。慶應義塾出身者による結社で、地方在住者（六四％）を含めて発足時に社員一七六七人。後に大隈重信の立憲改進党につながる結社であり、もともとが議会制民主主義の政党概念に呪縛されてスタートした結社である。

これ以外に、一種のトンデモとも見なされかねない結社も多数存在した。松沢裕作『自由民権運動』（二〇一六年）が紹介するものでは、尾張の愛国交親社がある。これは演説会を催すれっきとした民権結社だが、同時に剣術試合を見世物にする撃剣会が売りであった。剣術稽古を通じてその後急速に農村に浸透した。明治一四年になると会員数は貧しい農民を中心に一万五〇〇〇人を越えるようになる。そして、次のような勧誘文句を新聞に載せたという。愛国交親社に入社すれば「二人扶持の俸禄が支給される、さらに腕力のあるものには帯刀が許される」、「兵役を免れる」、「税金が免除される」、「国会が開設されると、全社会の財産は平等に配分される」などなど。身分的秩序から投げ出された者たちに結社がユートピア的幻想を与えたのであり、これは秩父事件でも同じことであった。彼らが結社に自らを拘束したことが、同時に反乱世界の心的肥大化と地続きだったことを物語っている。トンデモ結社を自由民権運動から除外することはかえってこの運動を貧しくしてしまう。愛国交親会と同じような例に柴田浅五郎の秋田立志会があるが、これについては先の松沢裕作をご覧いただきたい。

結社の乱、そして全国評議会

明治一四年までの以上のような結社の運動を、ではどう呼ぼうか。自由民権運動あるいは国会開設請願運動であるのはもちろんだとして、運動のもう少し政治的な類型を明示したい。専制政府に敵対する大衆反乱と呼ぶには初めから政治的である。建白であれ、請願であれ願望であれ、結社の目標は「国会」の一本に絞られている。自由党や改進党など、主義の党はまだない。個々の地方結社の蜂起にあっては、農民一揆など大衆の反乱を基盤にする例もあったろうが、全体としては結社が初めから運動の主体であって人民大衆ではない。フランス革命のように「貧民」を街頭に呼び出すことはない。

結社が唱えた「全国人民」はただの幻想あるいは呼称である。では、結社の全国一斉蜂起はどうか。それは結果であって結社同士があらかじめ示し合わせた蹶起ではない。全体として自然発生的な蜂起という常套句を使いたくもなるだろう。

そこで、戊辰戦争と廃藩置県後の、さらには西南戦争の後の、日本社会の状態を想起してみる。幕藩体制の身分的秩序の半ば強制的な破壊によって、維新革命後のさらなる混沌である。戊辰戦争は一面で博徒・武家奉公人・都市下層民たち雑兵からなる軍隊同士の戦いだったと指摘されている（松沢裕作）。板垣退助の名づけるこの「賤劣なる文身彫青せる破落戸《ごろつき》」たちが、戦後の社会に吐き出された。これら人民の氾濫を結社とその運動が短期間に攪乱した。攪拌しつつ一個の政治的流動を作り出そうとした。こんなわけで私は今、自由民権結社の運動を明治一三年の「結社の乱」と呼んでおこうと思う。民衆反乱と区別するのである。

では、この結社の乱であるが、これを全国的に結集するとして、さてどうするか。運動の中枢部分にこうした関心が喚起されて当然である。実際、すでに指摘したように早くから愛国社が存在し、また運動の頂点では愛国社主導で国会期成同盟が結成された。いずれも結社の乱の全国連合を目指すものだが、両者には方針の食い違いがあり、明治一三年から翌年にかけて少々分かりにくい拮抗関係を展開して、共に明治一四年の政変に飲み込まれるのである。わずか一年余のこの対立抗争は何だったのか。愛国社系結社の方針ははっきりしていて、それが国会期成同盟を統括指導しようとして他の結社からの反発を受けて挫折する。自由民権運動論に関するこの手の見方がわかりやすいが、実態は違う。先進結社も新たな結社もいざ一堂に会して政治・組織方針の討論となれば、相互の対立ばかりかそれぞれの盟約もまた動揺を避けられない。専制政府による弾圧に直面すればなおのことである。運動の頂点、明治一三年一一月の国会期成同盟第二回大会がその舞台になるだろう。実のところ自由民権運動についての私の関心もここにある。ただ、この点に踏み込むのは次章にして、その前に革命的運動と政治あるいは党との絡み合いについて、もう少し一般化して私の関心を踏まえておきたい。

自由民権運動における結社の乱は一地方の大衆反乱でなく、すでにして国会開設を目指す盟約団体の全国的な一斉蜂起である。この運動の全国連合を目指すとして、ここで私が二〇世紀の経験から想起するのは、革命の評議会である。ドイツ革命のレーテ、ロシアのソヴィエト、規模を問わなければ一九六八年の全学共闘会議がある。労働者評議会や労農兵士ソヴィエトなど、従来これらは階級闘争の機関と見なされてきたがこの見方に捉われる必要はない。国会期成同盟などは特定の階級による構成とは言えないが、これとて歴史的位相の違いに過ぎない。蜂起の評議会はもともと雑多な蜂起の集合体として出発する。

評議会はまた各地の評議会の代表から構成される。そして代表たちはそれぞれの地元や経営で、それぞれの乱を代表している。かくて評議会の連合は地区評議会そして全国評議会へと積み上げられる。評議会は労働争議などでなく何よりも政治闘争の機関であった。愛国社も国会期成同盟もまさしく、諸団体のただの集合でなく、結社の乱の全国評議会たることを運命づけられていた。そこに政治が発生する。

というのも、評議会が革命の組織である以上これは初めから、専制政府など既成権力との敵対の中で形成される。この敵対が熾烈であればそれだけに、対立は評議会自身に内部化されて、連合の強化の必要と共に、その在り方をめぐる内部の軋轢が呼び起こされるのだ。もともと各地から結集する結社が士族中心か平民か、先発か新参かなど、その実態が雑多であることが改めて連合の盟約をむつかしくする。だがそれだけではない。革命の集団は事前にいかに固く盟約がなされていたとしても、革命の敵対関係のうちに立たされれば、盟約の質が改めて問いただされざるをえない。これは政治的な、私の言葉では「カテゴリー的な」必然である。この必然にどう耐えていくか、これを「こなす」ことによってより高次の団結を盟約し直すことができるかどうか。全国から参集して来る諸結社を、専制政府に敵対する独自の権力、すなわち「自己権力」として固めるにはどうするか。そうでなければ、政府の弾圧に抗して団結をより強化し、政治目的を達することができないではないか。この意識が革命運動における固有の「政治」であり、この政治を感知しこれに対処せんと自覚する集団を登場させる。評議会における、これが「大衆の党」である。例えば「愛国社」とは、結社の乱において一個の大衆の党たらざるをえないフラクションの名前である。そして、大衆の党はその他複数現れて、これらがまた相互に連携と対立を展開するのである。

二〇世紀の経験では、大衆の党は多くの場合その「上部団体」のフラクションとして存在する。セクト（党派）と呼ばれる。そして、ここで上部団体とは自由党のような主義の党、あるいはかの前衛党として、反乱以前にすでに存在する。あるいは、議会主義政党として以前から社会公認のものであるかもしれない。いずれにしても、結社の乱のさなかで、乱そのものが大衆の党とセクトという政治を析出させる。世のいわゆる前衛党論が主張するように、この政治は本来的に意識的な介入なのではない。「大衆の党」が反乱した大衆からそのようにいわば強いられるのだ。カテゴリー的な必然と呼ぶゆえんである。そして多くの場合、評議会におけるこの種の政治対立の激しさは、大衆の党をセクト化し、反面では評議会を大衆主義の方に追いやり、ここに不毛な政治を残して終わる。

明治一三年、結社の乱における愛国社と自由党の経験は、二〇世紀の革命における党なるものの経験の、そのはしりをなす出来事であった（党については私の『政治の現象学あるいはアジテーターの遍歴史』に詳しい記述がある）。

秩父事件　反乱の中の党

党という政治のカテゴリー的な必然は、むろん革命の評議会だけでなく、そもそもが大衆の反乱自体のうちに析出される。これも昔の話になるが、私は一九七二年に「秩父事件のなかの党」と題する論考を書いている。当時埼玉新聞社から刊行されていた二巻の『秩父事件史料』を使った。ここで私は、秩父事件のあらましについては井上幸治『秩父事件』（一九六八年）を参照するとして、「井上氏はそれまでのくだらない「歴史的位置づけ」論議の陰から、この反乱内部に息づいていた構造と論理を、私たちのまえにひきだしてみせてくれた」とわざわざ注記している。最近の松沢裕作『自由民権運動』によれば、秩父事件に関してはいまだに井上の研究を「こえるものはないと言ってよかろう」とのことである。

秩父事件は明治一七年一一月の勃発、ちょうど東京では板垣退助の自由党が解党した日に当たる。一地方の民衆暴動であり「借金党」連中の蜂起であった。そして、「困民党」という結社が蜂起の中の「大衆の党」の呼び名となる。板垣自由党は困民党の中核メンバーを提供したが、その主義（政治的理念）は遠く峠の向こうから漏れ聞こえる風聞でしかなかった。そんな狭い盆地で、秩父困民党はまさしく反乱農民と主義の党とのはざまで翻弄されたのだった。明治一三年の結社の乱とは、この点で性格が違う個別の大衆反乱であり、反乱のなかの政治結社困民党だった。だがそれでいて、困民党は自由民権運動の結社の乱の結末、いやその「始末」を一人演じることを強いられたのだと見ることができる。

では、私の見るところ秩父事件の「内部に息づいていた構造と論理」とはいかようなものだったか。後に私は秩父事件を大衆反乱の政治的経験史全体のうちに埋め込む形で、『政治の現象学あるいはアジテーターの遍歴史』（一九七七年）に先の秩父事件論を収録した。ここにかいつまんで、私がかつて関心をよせた秩父事件に触れておきたい。そこでは負債の返済据え置きと延期を求めて秩父の村々の民衆が一斉蜂起した。同時にここには「自由党総裁板垣退助世直しの事を起こすの風聞」が浸透しており、これを具体化する一部の秩父自由党員のオルグ活動が展開されていた。これら自由党員と蜂起の合作が秩父困民党であり、別名借金党である。

秩父事件では困民党による村々からの参加者の狩り出し、金貸し宅の打ち毀しと焼き討ち、盆地一円の制覇、次いで郡役所の占拠に至る。幕末惣百姓一揆を継ぐと同時に、さらに「圧制政府を転覆する」「天朝様に敵対する」など、反乱の共同思念は時代の言葉を用いてとめどなく肥大化する。さあ、これをどうする。有形無形の政治的圧力が困民党幹部、つまりはもと自由党員たちにのしかかってくる。政治のカテゴリー的な必然であり、カテゴリーが党を駆動し翻弄する。秩父盆地での勝利と、山を越えて侵入してくるはずの国家権力との対決をどうするか。反乱が抱えた戦略的なこの憂慮はまさしく幹部集団の論争、対立、そして分解として顕在化する。秩父困民党はこの推移を「見事に」演じることで、その果てに盆地の外部へと暴発していった。「この盆地の党員グループは、さっさと解党してしまった「党」からも、また彼らが一場の夢を与えた広汎な反乱農民たちからも、まさしく正当な代償を蒙ってあのように動転したのである」。この点で秩父反乱は、自由民権運動のうちでも比類のない位置を占めている。その政治的無能を含めて、ここにこそ自由困民党の栄光がありかつ悲劇もあった。

反乱と外敵との敵対はまさに政治的なものだが、政治対立は同時に双方それぞれの集団に内部化されて現れる。ことに反乱の大衆の党では内部対立と分裂の危機に見舞われる。対立は集団のそもそもの理念（理論）や戦略選択の違いから来るだけではない。そんな立場の相違など、この対立を「克服」できるはずもない。なぜなら、集団の成員、ことにその大衆の党の内部では、あたかも抽象的な（カテゴリー的な）衝迫力のごとくに、分化と分裂への傾斜と加速度とがのしかかってくる。私はこの抽象物を政治と名付けてきた。政治が、今やあたかも外部からの強制力のようにして、「ではどうするのか」とこの私を盟約集団内部の対決へと突き動かす。

こうした政治の経験が生起する場所が大衆反乱の集団である。党の理論や戦略の相違が顕在化するのもこの場面に至ってからのことであり、由来は逆ではない。反乱という事態こそが、その本来的なアナーキーによってこの政治を招き寄せる。社会にもともと利害やイデオロギーの対立があるから革命や反乱が起こるのではない。逆である。革命や反乱があるから対立が政治化して人びとをそれぞれの集団に拘束することになる。この政治的対立はほとんどいつも二重化し、外敵との敵対は同時にそれぞれの集団の内部対立を不可避にするのである。

大衆の集団にとっても党にとっても、だからこそ、この政治を「こなす」べき政治こそがむつかしい。私が関心を寄せてきたのは、反乱におけるこの政治である。そして「党」とは本来、この政治をこなすところに派生するカテゴリーである。秩父事件では「自由党」がこの場所にいたはずであるが、すでに解党してしまっている。というより、明治の自由党には政権参与を目指す議会主義政党というモメントが付きまとっており、反乱における政治の党とこの政党との葛藤が結局は自由党を明治憲法体制のうちで消滅に導いていくだろう。

2　愛国社　人民の天は人民なり

大衆の党

ここで話を戻そう。明治一三年の結社の乱を、では「政治」はどうするのか、すべきなのか。この問いが結社の乱の連合組織結成を促すとともに、抽象的で無言の脅迫となって結社の乱を駆り立てていくことにもなるだろう。政治の舞台になっていくのはなんといっても愛国社、次いでその呼びかけにより結成された国会期成同盟である。この同盟は明治一三年三月に大阪で結成大会を開催した。同盟の代表が国会開設統一願望書を政府に突きつけるのが四月である。その名の通り結社の乱の連合組織として結成された、いわば共闘会議である。二〇世紀から振り返れば結社の乱の全国評議会である。これにたいして政府は四月に集会条例により対抗しようとしたが、請願の勢いはますます盛ん、新たに地方結社からの多数の参加があり一一月の同盟第二回大会に至るのである。この大会こそは、専制政府に対抗する一個の自己権力として同盟を固めることができるかどうか。そして他方で、結社の乱における「大衆の党」の自覚的形成が問いただされ、参加者全員を試練にかけることになるだろう。

ここでまずは大衆の党として問われるべきは愛国社である。何といっても愛国社系の結社の面々が以降の国会請願運動の軸になっていくからだ。もともと土佐の立志社が明治一一年四月に「愛国社再興趣意書」を発して、全国的な結社連合のオルグに乗り出した（明治文化全集9、正史篇上）。栗原亮一の筆になるこの趣意書は以下の八つを愛国社再興の目的に挙げている。1、人の幸福は国家あるがため、すなわち愛身愛国でなければならない。今日廃藩置県の後に人びとはバラバラの状況に置かれている。「全国人民相互に交親し、各々其方面を一にし、以て全国一致の体裁なさざるべからず」。2、「各地人民相互に会合して国政の利害得失を公議し、国会に代ふるの議会を起立せざるべからず」。3、時事を討論し識見を高めるべき国会は未だない。国会に代ふるの議会を起こす。4、道徳の壊敗を救済する。5、「人民をして自治自衛の気衆を要請し騒乱を防止する」。6、産業を興し通商を盛んにする。7、地方の衰退を挽回する。8、欧米諸国と拮抗して独立を維持する。

盛りだくさんの趣旨であるが、廃藩置県後の全国的な身分制と地域性の解体状況を見据えて、結社という形での人民の結合と大連合を呼びかけたのである。民選議会開設は要求項目の一つである。この段階では、愛国社は国会請願の結社でなく、むしろ一般的な政社として再興された。この趣意書を携えて、栗田を始め杉田定一や植木枝盛らが西国への遊説に出かけた。その結果、同年九月には呼びかけに応えた地方結社の代表が大阪に会して、ここに愛国社の運動が実質的にスタートすることになる。この段階で、結社代表でない者の参加を認めないという、結社連合の組織論がすでに採られていたことに注意したい。それに、かの趣意書には「国会に代ふるの議会を起こす」と、一見奇妙な運動方針が繰り返されている。多分、国会（したがって憲法）というより、結社の結集とその連合大会そのものを率先して制憲「議会」とする。後に顕著になる愛国社系の運動組織論の特徴がすでに表明されていたのだろう。

愛国社再興大会はしかし、結集した結社は西国に限られ、資金と組織面でその運営の見通しは乏しく、また依然として立志社・士族結社偏重に傾いていたという。次いで第二回大会（一二年三月）、ここでも西日本中心の集会となり、組織運営問題に終始して全国的活動の始動とはいかなかったようである。それでいて、すでに見たような全国の在地・都市結社の勝手な国会請願運動がその結節点を求めている。こうして、愛国社はまた国会期成同盟の組織者でありその有力な構成機関となっていくのである。愛国社はすでにして結社の乱における一個の「大衆の党」であったが、しかし同時に、板垣退助―立志社―自由党という潜在的な党派性を初めから抱えていたはずである。

次に愛国社第三回大会が一二年の十一月、ここでようやく全国的な結社の運動の波に乗ることになる。地方の農民結社代表として富山の杉田定一と福島の河野広中が改めて参加し、愛国社は本格的に外部の風を入れることになる。そして同時に、これはまた立志社系と新参加の平民結社との対立の顕在化ともなるのだった。この抗争に関しては後述するが、今回はともかくも妥協が成り立って、「国会開設の願望書致すに付四方の衆人に告ぐるの書」を発して全国遊説に着手することになる。その成果が国会期成同盟結成大会として結実するのである（明治一三年三月）。

こうしたいきさつから、立志社と杉田や河野らを含めて以降は「愛国社系」と呼ばれることになるのだが、その内実は運動方針およびメンバーの点で一枚岩のセクトではないことにあらかじめ注意しておきたい。近年の自由民権運動研究でも符牒のように「愛国社グループ」と名指しされがちだが、立志社・愛国社系統の人士たちそれ自体が、国会開設運動の大波に巻き込まれて動転しかつ分解の危機に直面することになる。前章の脈絡から言えば「我党」すなわち「大衆の党」が強いられるカテゴリー的な必然である。逆説的ながら、この経験こそまた愛国社の栄光でなくて何だろう。後に国会期成同盟第二回大会のドキュメントを読みながら、詳細に見ていこうと思う。

四方の衆人に告ぐる

先述のように、明治一二年一一月、愛国社第三回大会は全国の結社に向けて、檄文「国会開設の願望致すに付四方の衆人に告ぐるの書」を発した（明治文化全集25、雑史篇）。まずは、今直ちに国会開設を謀るべき理由を列挙する。五箇条の御誓文、明治七年「民撰議院設立建白書」、明治八年の「漸次立憲政体樹立の詔」。他方で、暴動・一揆・変乱の再発防止の必要、文明開化の弊害、財政悪化・国債償還問題、自主愛国・不羈独立の精神の必要。そして訴える。「故に吾輩は則《すなわち》明治十三年の三月を以て国会開設の願望を　天皇陛下に致さんと欲す」。愛国社に同盟する者と否とを問わず来りて大阪に会せよ。「其十名以上の組合ある者は相共に連合して其願望を謀るあるべし」。

愛国社の第三回大会には福島の河野と富山の杉田とがそれぞれの農民結社を代表して参加し、翌年の国会開設期成同盟の結成（三月）へと両者が共同することになる。このことがまた、大衆の党と全国評議会のカテゴリーの相違を早くも顕在化させることになった。対立は一見些細なこと、天皇に国会開設願望書を提出するに当たって、その集約主体をどこにするか。愛国社単独で統一請願にすべきだとする立志社と、いや愛国社以外に幅広く賛同者を募るべしとする河野と杉田ら地方結社代表との対立である。杉田の発言、「願望の事、愛国社のみに限るは偏頗なり、単身独歩の有志者の如きは大に失望せん」（庄司吉之助『日本政社政党発達史』、一〇三頁）。そこで協議の結果、各地方で一〇名以上の組織が一〇組以上賛同する見込みがあれば、その参加を認める。これを下回るのであれば愛国社単独の願望書提出とする。分かりにくいが、その後愛国社は改めて遊説を始め、翌一三年二月にはいくつかの地方で先の提出者要件が充たされたと発表された。愛国社とこれら地方結社代表とが連合する要件が充たされたのである。

ところで、これまでの経過のうちで愛国社とはいかなる政治集団なのか。すでに述べたが、私は国会期成同盟を民権結社の全国評議会と見立てたうえで、愛国社を評議会内の一つの政治党派と位置付けておきたい。一般に、評議会内部では複数の党派とその党派闘争が不可避である。ここで党派とは私の捉え方では「大衆の党」の活動である。期成同盟が請願運動の展開という必要に間に合わせたのに比べて、愛国社では初めから、未だ存在しない幻の自由党を背負った「大衆の党」が志向されていたのだろう。言ってみれば自らのヘゲモニーを前提にして、期成同盟に一個の「自己権力」としての自覚と盟約を促す集団である。だがそもそも、評議会では大衆の党は唯一ではありえない。

ともかく、愛国社をこのように理解したうえで、今後の期成同盟のいささか複雑な経歴を見ていきたい。

愛国社から国会期成同盟へ

さてこうして、明治一三年三月、国会期成同盟が結成大会として開催の運びとなる。大衆の党、愛国社の先導で全国評議会の結成が成ったとも言えるし、また、士族系の愛国社系結社が平民の結社に合流できたということである。しかしにもかかわらず、いやそれゆえにというべきだが、同盟の結成大会でも早速意見が割れた。これも一見些細な対立で分かりにくいが、愛国社とその他の地方結社とが先の要件通りに集めた願望書を取りまとめる。その際天皇に差し出すこの統一願望書の文体をどうするか。哀訴調にするか請願体にするか。請願スタイル派の主張では、国会開設は嘆願でなく、嘆願すべきことでもなく、日本国民の「当然の権利」である。天皇に哀訴するのであれば採用するもしないも決定権は向こうにある。これにたいして、請願であれば国会開設の決定は権利としてこちらに留保される。結社でも結社連合でも、そのスタイルこそが自らを性格づけるのである（以下、同盟結成大会については松沢裕作『自由民権運動』二〇一六年、および森山誠一の詳細な事実経過「国会期成同盟の研究」（一）一九八六年、（二）一九九〇年を参照した）。

さて、国会期成同盟第一回大会は結果として請願スタイルを採用し、二府二二県七四結社の代表が連署した上願書が、総代の片岡健吉（高知）と河野広中（福島）によって太政大臣あてに提出された。二人はこれはあくまで天皇への願望書であって建白書ではない、だから元老院でなく政府太政官が受け付けよと粘ったが、交渉約一か月、これを受理させることができなかった（二人による詳細な経過報告、「始末書」が残されている）。同盟は政府とは独立の権力として、政府を通じて天皇にじかに国会開設を願望する。総代の二人は同盟の方針をこのようにして貫いたのだろう。同盟に自己権力としての自覚を促す案件として、愛国社が請願スタイル方針を主導したものと察しが付く。

しかしともかくも、期成同盟結成大会は同盟規則書として、天皇が国会開設を認めないか統一願望書が無視されたときには、「本年十一月十日より大衆会（大集会）を東京に開き、全国公衆の意見を集合して其方向を議定すべし」（第十条）と決めて散会した。いわばこれが、最初の期成同盟大会の今後の「行動方針」であった。このあいまいな方針は来るべき同盟第二回大会に再度の対立を持ち越すことにもなるのである。政府は願望書の受け付を拒否したのだから、来るべき大会は「大集会」でなければならない。大集会とは何なのだ。

ただし、この段階で注意しておきたい。初めに指摘したことだが、期成同盟結成の外部でも、国会請願運動はラッシュを迎えておりこの時期にまさにピークに昇り詰めていた。福沢諭吉系の結社は別に扱うが、結社の乱は期成同盟系の請願運動に限られることでもなかった。国会期成同盟結成に参加の地方結社でも、一一月予定の次の大会を待つことなく五月以降も続々とそれぞれの請願書を太政大臣に提出した。長野、山梨、茨城などの県総代である。いわば勝手に、請願運動が愛国社・期成同盟の外にあふれ出したのである。長野県松本、松沢求策らの奨匡社《しょうきょうしゃ》の上京報告を見れば、彼らもまた一か月にわたって太政官のみならず元老院、あるいは左右大臣にまで面会を求めて請願書を斡旋させようとしつこく頑張っている（明治文化全集9、正史篇上）。

それゆえ、統一願望書一本でいくと決着したはずの同盟結成大会（三月）以降、個別請願にたいする愛国社の批判は執拗に続けられた。両者の政治的距離観のうちに結社の乱における党、「大衆の党」愛国社の性格を見て取りたい。愛国社の理論誌からいくつか拾っておく。「国会を請願するは、すなわち国会を立てんとするの一事為なれば、なるべく全国人民とこれを共にするを要すべきなり。何ぞことさらに一県一地の人民を以て国会を請願すべきあらんや。ああ、今の国会を建言する者は、わずかに己が名誉を得んと欲するが故に、全国の人民と共にすることを務めずして、各個にこれを為してその事を天下に著しからしめんとするや」（愛国志林、七月二四日号）。

さらに、坂本南海男による「吾人国会請願者は今後何等の手段を為すべき乎」（愛国新誌、八月一四日号）を見る。「今や国会論の盛なる殆んど全州を一挙したるものの如く、建言なり、請願なり、国会開設を企図して東西南北より首都に至る者、其状恰も太陽の光線相集て焼点に帰向するが如し。豈之を輿論の成熟と謂わざるを得んや」。坂本はこう書き始めるのだが、「然りと雖も、各請願者が今日に至るまでの形跡を見るに、皆各々地方に拠りその意に従て各個の請願をためすに止て、未だ以て全州若しくは数十国の結合に由て共に力を同ふし互いに意見を一致して一大願望を企図する者非ず」。大阪大会でも全州の過半に及ばず、これが政府をして願望書を却下する理由になっている。そこでだ、「ただ今後は更に一大同盟を結て協議するの一策あるのみ」。だが反対に、請願者の中には広く天下の公衆と共に図ることを欲せず、地方に孤立して国会を企図せんとする者が無きにしも非ず。これらは我意に固執する意見というべきだ。そもそも代議制体を求めながら代議制体が何かを解せざる者だ。輿論を尊ばざる輩だ。独立精神でなく、狭隘なる頑固無智の思想と言うべきだ。封建の遺制だ。そうでないとしたら、独りで名誉を得んとする野心に過ぎない。坂本の批判はかくのごとくに嵩じていくのだった。

だが、政府の集会条例（四月）によって愛国社は不許可になる（九月九日）。実際、集会条例以降、愛国社は個々のメンバーは別として組織としてはすでに解体状態に陥っている（森山誠一「集会条例以降の愛国社」、一九九二年）。舞台は国会期成同盟第二回大会一本に移ったのである。

私立国会とは何なのだ

それにしても、結社の乱の連合組織における愛国社の独自路線の固執とは何故だったのだろうか。今日の自由民権運動史研究では、これは愛国社グループの私立国会論と呼びならわされている。「私立国会」という奇妙な言葉に私が初めて触れたのは、たまたま坂野潤治の『明治デモクラシー』（二〇〇五年）を読んだときのことだった。坂野は愛国社の理論機関紙ともいうべき「愛国新誌」から引用している。「ああ請願者よ、吾人今後の策は、各地各個の請願を止め、さらに大に天下の公衆と協議し、全国人民の過半数を得て進んで私立国会をもうくるにあるべし」（坂本南海男、明治一三年八月一四日号）。この年に全国澎湃として起こった国会請願運動にたいして、個別請願を重ねても無駄で「全国人民の過半数」を結集して、自ら私立国会を設けよとの主張である。この坂本論文は、ちょうど、国会期成同盟結成大会で採択された統一願望書が、政府と元老院から受理を拒否された後の時期に当たる。そして坂野に言わせれば、愛国社グループが統一請願にこだわる理由は、統一請願そのものを「私立国会」にしたいという点にあった（四四頁）。加えて、国会期成同盟第二回大会の顚末について、同盟を「そのまま全国組織として固定し、それをさらに拡大して「私立国会」にしていこうという愛国社グループの思惑」だったと言い、それが「大会の冒頭から激しい抵抗に遭遇したのである」と指摘している。だが、同盟第二回大会のドキュメントを密議探聞書に見る限り、私立国会の主張は語句としても一度も登場していない。次章で詳しく読むとおりである。

しかしそれにしても、私立大学や私立病院ではあるまいし、私立国会とは現代の語感からは奇妙に響く。なんで国会が私立なのか。私立国会とはいかにも無細工な用語であり、その解釈の言葉に置き換えなければ、訳も分からずに容易に符牒として独り歩きしてしまう。愛国社の面々自身が使いこなしていたとも思えない。自身があちこち動揺しながら主張していた運動論のその中身を問題にしなければならないのである。愛国社が私立国会論で固まっていたなどとは到底見なせない。これに比べれば、同盟二回大会の密偵の探聞書についての吉野作造の解題が述べるように、「請願建白などでは到底目的を達し得るものではない、結局は全国人民を団結し所謂組織された大衆の力を後盾として実力的に解決を図るの外に途がない」というのが、一部愛国社グループの気持ちだったろう。あるいは私の連想では、期成同盟を私立国会にするとは、同盟をして政府権力に敵対しうる自己権力、言ってみれば「私立権力」として固める運動組織論だったのだ。その推進者としての我ら愛国社である。「結社の乱の全国評議会」における「大衆の党」としての愛国社という自覚である。しかし、この方針の貫徹がむつかしかった。なぜなら、同盟が自己権力として政府の意向いかんにかかわらず「国会」を設けるとは、二重権力の対峙さえも含意する容易ならざる革命路線のはずだからだ。デモクラシーどころではないのだ。評議会のソヴィエト化である。そして、全国評議会がそのままコミューン国会に崩れ込む。こんな大それたことが一片の「私立国会」なるスローガンによって同盟大会で貫徹するはずもない。

私立国会という言葉は、もともと先の同盟結成大会において高知の北川貞彦により提案され、三日間におよぶ議論沸騰の末に採用されなかった。北川提案では、かのあいまいな「東京大集会」を「私立国会」と明記せよというものだったが、これには同じ愛国社でも小島忠里や黒岩保教その他が反対にまわった。実際、この大会では早くも土佐派にたいする反発が表面化した。そのせいもあろう、大会の期間中は愛国社の夜の会議が四回も開催されている。夜のフラクション会議と見えてほほえましい（森山、前掲（一））。以降はこのスローガンは同盟関係の舞台では大集会とか東京集会とかにぼかされたのではないか。

それはともかくとして、松沢裕作『自由民権運動』によれば、坂野の研究以来「愛国社・国会期成同盟の研究は大きく進展した」と評価されている（二二三頁）。実際、松沢の本書第三章はまさしく「私立国会への道」と題されている。坂野同様に、個別請願の否定以降「この私立国会論は、国会期成同盟をリードする愛国社の基本方針となる」とする（一〇五頁）。だが実際、「愛国社勢力は私立国会を実際に開催できる実力がないがゆえに、私立国会の先延ばしを続けざるをえなかった」というのが、松沢のこの章のまとめである。これも私立国会論＝愛国社という図式である。

近年の研究になると私立国会なる記号の一人歩きはもっと顕著になる。例えば久保田哲『帝国議会』（二〇一八年）である。国会期成同盟二回大会では、「議論の結果、この大会を私立国会とせず、請願書の提出も見送られた」（九八頁）。しかし、国会開設の再請願の議題などは大会の最後になってどさくさ紛れに提出されたもので、もとより私立国会の議論など登場しない。同じく『明治十四年の政変』（二〇二一年）、「議会開設の願望書が拒絶されると、高知の林包明ら愛国社系グループは、再度の願望書提出は見送り、国会期成同盟を「私立国会」にしようと考えた。……「私立国会」への転換は否決された。ただし、再度の願望書提出も見送られたため、同盟が将来的に「私立国会」になる可能性は多分に残された」（一一六頁）。「私立国会」なる語句がここでも訳も分からず独り歩きしている。

さてでは、「愛国志林」さらに「愛国新誌」ではどうか。愛国志林は明治一三年三月一三日の創刊で週刊である。同年八月一四日からは「愛国新誌」に引き継がれ、当初は週刊が守られていく。まさしく結社の乱の真っただ中の刊行である。終刊は発行所が高知に引き上げてから翌一四年六月一七日号になる。主筆に当たるのが植木枝盛、そのほか筆者に坂本南海男などがいた。大阪で刊行されたが実質は立志社・愛国社の理論機関紙というべき性格であって、足下の結社の乱への呼びかけに他ならない。なお、両誌の記事は明治文化全集第14巻、自由民権篇（続）ですべて読むことができる。

ところが、この両誌を通読しても、「私立国会」なる語句は先に坂野が引用した坂本南海男の論説のただ一か所である。結社の乱が頂点に達する明治一三年、国会期成同盟の結成大会から二回大会に至る時期に併行して発刊されながら、この運動過程をフォローしこの経緯に物申す記事も、実は意外なほど少ないのである。しかしだからとて、私は愛国社の路線として私立国会に着目する坂野説に不同意なのではない。どういうことかといえば、「私立国会」が登場しないとしても、この一語によって愛国社の面々が言表せんとした運動論がなかったのかといえば、そうではないと思うからだ。むしろ執拗に繰り返されるのは、政府というものとは我らは「天を同じゅうしない」という極端な自治（人民主権）の自己主張なのだった。この観点から「愛国志林」と後続の「愛国新誌」を追ってみる。

まず、政府とは天を同じくしないとはどういうことか。愛国新誌の論文「政府は天に非ず」（一〇月一三日号）を読む。

夫れ政府は政府也、政府は天に非ざる也。政府は国家の事務を為すもの耳《のみ》。且つ又分て之を論ずれば、政府は国家中の一部分也。而して吾儕《ごせい》（我ら）人民も亦国家中の一部分也。基本全く同等にして異なる所なきもの也。然らば則人民は人民の人民にして、決して政府の人民たるが如きの理有ることなく、人民の天は便ち人民也。人民の自由也。

国家のうちには人民のほかに政府が存在するが、天は人民のものであって政府は国家の役所に過ぎない。今日の状況では人民は専制政府に楯突こうとしているが、両者の関係は本来、治者・被治者でないばかりかそもそも国家体制とその批判者などですらない。政府は政府であって人民はすなわち人民なのだ。この主張はもういわゆる主権在民の民主主義などは遙かにはみ出している。天は人民のものであって、人民の自由そのものである。政府に依存したり要求したりするのでなく、人民のことは人民が決めて実現する。以上は人民の自己権力と政府との一種の二重権力論と見ていいだろう。ただし、「国家権力奪取の思想」はない。

植木枝盛も同様な主張を書いている（一〇月一二日）。「要するに治者と被治者との分界を区別し、人民に治者交じりの気取りを帯ぶることなく、吾々人民と云ぅの気象を保ち、精神の主部に己人民と云う者を置くに至る」べしと。

コミューン国会論

人民のこの独立と自治の天下では、国会設立なるものも本来人民の自由な権利であるべきだ。この見方はすなわち、国会開設に向けた当面の運動論に直結していく。人民が国会に向き合い国会を立てるその独立自主の姿勢こそが問われねばならない。だからこの運動論では、国会の構成とかそのための憲法が当面の目標ではなく、少なくとも思考の順番では、何よりもまず自ら国会を設けるのだという精神が発揚されねばならない。だから、次いでこう言われる。

> 故に国会を開設することの如きも、畢竟人民に於て自ら之を為すべく、自ら為すことを得べからざるものにはあらざる也。
>
> 政府にして吾人の言を容れざれば、則吾人は己れに由り自ら治めて国会を開設すべきなり、全国人民の自由に開設すべき筈なり。故に全国人民の已に一致結合するに至れる時は論ずるなしと雖も、其未だ然らざる於ては、已に国会を開設せんとするものにして、他全国の人民に示談し多数の同意を得て以て国会を開設すべきなり。是れ詢《まこと》に事の正常なるものにして頗る順序を得たるものとこそ謂ふ可けん。

強いて言えば、以上が愛国社の私立国会論なるものの内容である。政府と人民とは天を同じくしない。だから人民は自らの天理に従い独立不羈の精神で進むべし。そのように全国人民を一致結合させねばならない。かくて、国会期成同盟はまさに独立の自己権力（コミューン国会）として政府に立ち向かうべく、その盟約を固めねばならない。これが全国評議会における愛国社という大衆の党の訴えになる。同盟結成大会が決めた来る一一月の東京での「大集会」とは、コミューン国会の旗揚げのつもりだったろう。

以上の国会論は、次に当面の国会開設の請願運動のあり方に直結していく。たしかに、国会は全国の国会であり、一部の人民の国会ではない。それゆえ、未だに全国人民の多数を得ていない現段階では、政府に具申し政府に国会開設を請うことは当然の策である。だが、政府はこの請願をはねつけたのだ。だから今や、

政府に依るの一儀は早く思切て、畢竟望む所の本物たる国会を取り得ることを謀るこそ優りなれ。国会を得んと欲して己と相背反する政府にのみ是れ依り、以て其望を果たさんとするは、国会の影を遂ふて其実を得ざるに終わるべく、仏者の所謂水中の金影たるを免がれざるべし、豈に可ならん哉。

これまで愛国社や国会期成同盟の大会において、彼らが執拗に政府にたいするさみだれ請願を批判して、やるんなら統一願望書を突きつける運動こそと主張してきたロジックが以上である。荒唐無稽な反権力思想だと見えるかもしれない。だがここで私自身が思い出すのだが、かつて政府の政策に反対する労働組合が国会への請願運動を展開したとき、これに「お焼香デモだ」などと悪口を言い、あ

くまで反政府の実力闘争が対置されたことがあった。愛国社の面々の国会請願批判は、そのはるかな「はしり」だったと見ることもできるだろう。愛国社があれだけ個別請願に反対したのも、たんに当面の運動戦術の選択問題でもなく、また結社の乱を愛国社の統制の下におこうとしたセクト主義でもなかった。これこそはまさしく彼らの革命主義の帰結だったのであり、だからこそ請願運動としての結社の乱における愛国社のセクト主義を際立たせ、その挫折と自由党への短絡をもたらしたのだった。

さて、以上のロジックを愛国新誌の論者自身がまとめている。

> 故に今且つ約して更に之を論ずれば、政府は人民の天に非ざる也。人民は正理を以て天と為すべきなり。而して正理の天は広大無辺言ふべかかりざるものなり。故に人民は政府に容れらるるなきも為めに些も窮することなく、自ら反して正理の天に立ち、自ら治めて自ら行はば、何事と雖も為すべからざるなく、政府に向て国会を望み、而して政府に容れられざれば、人民は全国人民と示談協議して国会を開設することを図るべし。政府人民の願望を容れざるに、仍《な》ほも之に向て願望するが如きは、自ら省みることを知らざるものにして、迂と云うべく愚と云うべく、斯の如くなれば則国会を望て国会を得ること能わざるべし。故に吾儕は只々日本人民にして政府を天とするが如き陋習を脱却し、大に自ら省みて真成に国会の実を得べきの道を図らんことを希望するなり。

この結論にまとめられているロジックは、まさしく国家論（人民の正理）、人民国会論、そして結社の乱の運動戦術論（統一請願）と展開され、かくて「真成に国会の実を得る」当面の戦略へと帰結している。「すべての権力をソヴィエトへ」(!)。ただし、人民と政府の二重権力論を国家権力奪取につなげる「レーニン主義」はまだない。「私立国会」なる記号の中身がこれであったと思う。ロジックとしては見上げたものと評すべきだろう。だが、かかる「革命党綱領」が結社の乱の初めての連合体に受け入れられるかどうか、むろん全く別の問題である。当初はレーニンのボリシェビキにとっても同じことだった。実際、来るべき期成同盟第二回大会の討論でも、地方から参集した結社は無論のこと愛国社のメンバーにしても、一体何が問題なのかさえ不分明な議論を繰り返して果てるのである。その有様は次章でつぶさに追うことになる。

3　ドキュメント　国会期成同盟第二回大会

結社の乱の頂点

さて、全国的な結社の乱に押されるようにして、かつは前回に方針とした全国人民の「大集会」を期して、国会期成同盟の第二回大会が東京に召集された。大会は明治一三年一〇月一〇日から三〇日まで、延々一五回の会議を繰り返して散会した。列車も通わぬ時代に全国から結集した結社代表にとっては、旅費・滞在費からして大変な負担だったと思うが、いったい彼らはぐずぐずと何を議論していたのか。結果として、期成同盟は専制政府にたいする一個の権力として自己を形成できたのかどうか。事実はしからず、課題の重さがこの同盟大会を自壊に追い込んでいった。逆に見れば、この大会こそが明治一〇年代の「結社の乱」の頂点であり、その混乱ぶりと無能さも含めて、ここに自由民権運動の栄光を見届けたいというのが私の今からの試みとなるだろう。

ところで、「国会開設論者密議探聞書」という文書がある（明治文化全集25、雑史篇）。国会期成同盟二回大会の会議全日程の記録である。今に残された唯一のドキュメントだという。会議に紛れ込んだ密偵の報告書であろうか。そのせいか特定の政治的関心もなく、はなはだ事実的に平板に会議録を綴っている。これ自体はドラマチックでも何でもない。だから逆に言えば、今これを読むにはそれなりの政治的関心が必要とされるし、また政治的な読み方が許されるのだと思う。私はこれから長丁場、煩を厭わずこの記録から主役たちの発言を追っていくとともに、その都度私の関心のありかをコメントとして付け加える。なお、発言の原文は今日風に改めて引用するが、そのニュアンスや特殊な用語は落とさないようにしたいと思っている。

さて、国会開設論者密議探聞書（以下、探聞書とする）はまずは会議の参加者名簿から始めている。出身府県は、福岡、石川、京都、愛媛、長野、熊本、秋田、愛知、高知、群馬、青森、福島、滋賀、新潟、栃木、大阪、岡山、茨城、兵庫、岩手、大分、宮城、埼玉、島根、東京である。東北から九州まで二五府県、ほぼ全国からの参集である。例外的な単身参加を除いて、すべて地方結社代表である。会議参加者には議席番号が振られているが、総数は六八人になる。参考のため、代表的な参加者の記載を二三人、引用しておこう（なお、平民と士族の区別は原文のまま参考のために記しておく）。

福岡県下筑前国壹区十五郡九百三十三町村共愛会会員の総代　平民　郡　利
同　香月恕経
石川県越前国有志七千零四十壹名総代　平民　杉田定一
高知県土佐国幡多郡貳千貳百六十壹名総代　士族　林　包明

これ以外に、長野県の松沢求策、愛知県内藤魯一、福島県河野広中、それに栃木県の田中正造と秋田県立志会の柴田浅五郎も参加している。地方結社一千人ほどの総代というのが代表的な肩書である。

例外的に単身として登録されているものに、東京府の草間時福《ときよし》がいるがこの人は事実上嚶鳴社代表である。なお、植木枝盛は正式代表、坂本南海男は傍聴者としての出席である。

あらかじめここで注意しておきたいが、この同盟二回大会を設定したのは前回大会における愛国社グループ（立志社と河野・杉田など）である。「大集会」という大会の性格を予定したのも彼らである。だから当然、二回大会が迫る中で彼らは議事運営のフラクション会議を持ったであろう。何しろ、結社の乱の「全国評議会」において「大衆の党」を演じなければならないのが彼らであった（そのほか、おそらく筑前共愛会も）。その自覚がなかったはずはない。事実、探聞書を通読すれば、彼ら愛国社グループが組織方針を中心にした議案を四つばかり用意していたことがうかがえる。河野広中が大会初日に議長に選ばれる。

だが、ことここに至っても、彼ら愛国社グループと呼ばれる者たちが、政治的に強固に意志一致したセクト、つまりは（幻の自由党を背にした）大衆の党となっていたかどうか、はなはだ疑問とせざるをえない。この大会を例の「全国人民の大集会」、ましてや「私立国会」にしようと画策する振る舞いなどは、探聞書を見る限りまるでない。それればかりか、愛国社グループに属すると見られる者たち同士が、会議の席で公然と分裂し対立する場面を幾度か演じたりするのである。フラクションの体などなしていない。要するところ、大会に臨む愛国社グループに一定の方針があり、一致団結してヘゲモニーを実現しようと努力して挫折した、などと見なすことはできない。すでに指摘したように、愛国社は組織としては解体状態であり、以下のドキュメントでも「愛国社グループ」と名指す場合にも、組織としての発言とは見なせない。旧愛国社グループと受けとるべきである。この大会は本来なら愛国社フラクションが自らを大衆の党として発見すべき場だったのである。これは愛国社以外の新参出席者についても言える。結社の乱はまさしく乱たるゆえんの衝迫力を受けて、国会期成同盟大会を自らの発見と形成の舞台とするのである。大会は最初から紛糾し続けて、混迷の度を深めながら終わりを迎えるだろう。

関連してもう一つ。今回の同盟大会では、「土佐人」に批判的な筑前共愛会所属の各社も事前にフラクション会議「九州懇親会」を持ったのだという。これに京都の沢辺正修、群馬の新井毫《ごう》、山梨の小田切謙明らが協賛していた。今あげた地方結社の役者たちは、これも決して一枚岩などでなく、大会の舞台でそれぞれの役回りを演じることになるだろう。なお、共愛会は同じく大会前に「自由党懇親会」を開催して、独自の自由党結成の相談をしたという（飯塚一幸「国会期成同盟第二回大会の再検討」、二〇〇五年）。これについては本章の最後に触れる。

初日から対立

明治一三年一一月一〇日、国会期成同盟第二回大会の開催となる。出席者は五十余名、議長に河野広中を選出して最初の議案が討論にかけられた。「本会は秘密会議とすべきか、あるいは官許を得て公然と開会すべきか」。そして、最初から意見が対立した。

杉田定一（石川県）現政府は圧制主義者の組織だからもとより道理を望むことはできない。集会条例を見よ、これなど人間最大の自由を束縛するものではないか。ここに集会する者はことごとく結社の委員、ないし各地の人民総代だ。正式に届を出して官許を望むなど、木に縁りて魚を求めるの類、出来がたいことだ。それに、政府が我が党に抑圧専制を以て応えているのを知りながら、正式に届を出し拒絶されるとすれば、かえって我が党の面汚しになる。だから、初めから届けなど出さず、秘密会議とするのが一番よろしい。

地方代表（氏名不明）　本会の目的は国会開設を天皇陛下に請願することだ。これは即ち明治八年の聖詔を奉遵することである。我らはこの国民の義務を尽くすばかり、何の畏れることがあろうか。何の恥じることがあろうや。自ら畏れることなく恥じることなく公明正大にことを議するに、これを秘密にしてかえって官吏をして、さらに世人をして疑団を招くようなことをするのか。万が一政府が抑圧に出て、集会条例を以て我らの開会を認可しなければ、そのときこそ秘密会議にすればいいだけのことだ。それに、結社総代が集合して政談をすべからずと集会条例に明文がある以上、代表でなく一人一人が集会することにすれば何の差支えがあろう。現政府に道理が通じないことはもとよりのことだが、こちらからわざわざ政府を刺激して嫌疑を抱かせては得策とは言えない。だから、一応届を出して官の認可を求めるのがいい。

杉田の発言には賛成者三名とあるが、採決の結果は秘密会を否決した。探聞書はそっけなく、「賛成者多数なるを以て公然官許を受て開会するに決す」と記録している。この意見の対立にはもとより政府の集会条例が関わっていた。集会条例はこの年の四月に公布されたもので、各結社は政社として届け出て官許を受けることを命じ、さらに政社は相互の連絡や連合が禁じられていた。地方結社の連合体、つまり国会期成同盟の同盟そのものが集会条例に触れることは自明のことであった。すでに期成同盟創立大会にも解散命令が出されたのだが、前回は開催期間の終りの時期だったので実害はなかった。愛国社が政社届不許可となったことは前に記した。いずれにして、各地の結社は解散するか結社届の枠内で活動するかの決断を迫られていたのである。以上で秘密会と称されるのは、したがって集会条例による認可を得ないままに強行する会議のことである。傍聴者を制限し新聞の取材を禁止する。

それゆえ、今回の大会開催に当たって秘密会か官許の会（公会）にするかは、前もって決めることが必要不可欠であった。主催者に相当する愛国社フラクションは秘密会にする方針だったのであろう。しかし、杉田のいささか原則主義的な主張は入れられず、個人参加の政治集会という体裁を取ることが採択された。今回初めて参加の結社代表が多かったのである。会議のしょっぱなから、その方針が否決されたことは愛国社グループにとっては少なからずの打撃であったと想像される。愛国社の森脇直樹も届け出に賛成した。

しかしそれだけではない。この議案をめぐる対立は一見、集会届の有無という手続き問題であるかに見えながら、その実、会議冒頭からここに参集した我らは誰なのかが問われたのである。この問いは会議の最後まで底流しては、折を見て頭をもたげることになるだろう。「本会の目的は国会開設を天皇陛下に請願することだ」と、秘密会反対者はいみじくも表明した。国会期成同盟がもっぱら請願の運動体だという自己認識である。これにたいして、杉田らのグループはこれが一個の盟約集団、つまり国会開設を目指す結社の政治同盟であることをしかと確信していたはずである。しかしそれにしては、愛国社の事前の根回しの跡は見えないし、杉田の演説も説得的とはとても言えない。目指すのは大衆の運動体なのか政治同盟なのか、結社の乱の衝迫力を彼らはこのように明白に弁別して提起していたのかどうか。杉田らは事前の方針であるはずの「全国人民の大集会」の在り方を、具体的に説得的に主張することができたとはとても思えない。同じ問題は、実は大会翌日の紛糾のうちにもっと明瞭に見て取りことができる。

ともかくも、「公然官許を受けて開会する」という決議にはその後妥協案が出たようで、今後一一月二〇日までは小会議すなわち懇親会、二十日から本会議を開会するのだという。前者小会議すなわち懇親会とは杉田が主張した秘密会議のことだろうから、当面二〇日までは当局への届け出はなしにするということだったろうか。実際はこれ以降も本会議と懇親会とが適宜使い分けられているから、決議は結局うやむやにされたのではないか。

ついで、全国を八区に分けてそれぞれに幹事を置くこと、会議の総代五名を公選して当局への届け出や会計などの役に当たらせることを決めて、会議第一日を閉会した。

継承か抹消か

大会第二日、ここでいきなりこの大会の性格規定に直接かかわる動議が提出された。しかも、建議者は初参加の小田切謙明（山梨）であり、集会条例により同盟はすでに消滅しているとして、本大会の性格につき再討議を求めるものであった。会員中より立案委員五名を選挙してこの趣旨で議案を起草させるべしという提案である。まさしく期成同盟の継続性を否認して、舞台をひっくり返す意向というしかない。愛国社グループからの猛反発は避けがたい。

小島忠里（大阪、士族、「愛国新誌」編集委員）　この小田切議案とは何なのだ。小田切は公会に付すべき議案だというが、私はこれを廃棄することを望む。なぜなら、本会はこの春に大阪大会で決定した同盟規約を履行すべきものだが、小田切案ではこれの修正決議をせざるを得ない。大阪大会後に集会条例の公布があり前回の規約（契約）はすでに妨害され表向き消滅したとはいえ、その精神はいささかも減勢することはないのだ。今回諸君が一一月一〇日を期してここに参集したのも、この契約を遵守してのことである。それゆえまず、この契約を履行するか否かを決すべきだ。履行するに決すればこれによって開会すべきである。もし修正するに決すればその修正案にのっとるべきであろう。以上の理由で、私は小田切案を廃棄して、三月大会の契約を履行するかどうか議決することを切に希望する。

林包明（高知、士族）　小島に賛成してこれを敷衍する。

小田切　本会の経緯は三月の同盟大会に発するとはいえ、これは決して期成同盟会ではない。であるから、もとより同盟規約なるものに縛られる理由はない。今回は天下の有志が期せずして会合し、共に国会開設を請願することを議論する会である。そうでないとすれば、私らのごとく国会請願の委託を人民から受けているが、同盟加入の委託は受けてはいない者は、個人的判断で加入を決定するわけにはいかない。

以降、甲論乙駁、決着がつかず議論は翌日に持ち越された。ここで三月大会の同盟規約というのは、政府が請願を容れなければ、次回は東京で「大集会」を開催するという例の方針（契約）のことであるのは言うまでもない。そして、政府はすでに同盟の願望書をはねつけている。だから愛国社グループにしてみれば、本会が国会請願のための集会だとする認識自体が受け入れ難いはずであった。請願の問題は会議後半に再度主題に浮上するだろう。

かくて議論は三日目に入る。そこで河野議長が提案した。「今回会議の性質を論定することが緊要」である。昨日の小田切提案、すなわち委員五人に結論を委ねる案に決着をつけるようにと。

香月恕経（福岡、平民）　私は、今「会議の性質」を議論するには及ばないと考える。なぜなら、大阪で団結した期成同盟は、四月に公布された苛酷なる集会条例のために、形の上ではすでに消滅したと言わざるを得ない。形態消滅した以上、脈絡が大阪大会を継ぐとしても、その規約を今日に遵守するには及ばない。この場に参集の会員たちを見よ、春の規約にのっとって参加した者もいるが、また春の大会に参加せず、かつ同盟の遊説にもよらないで参加した者が少なからずいる。だとすれば春の規約を今回は遵守すべきでないのは言を俟たず当然のことだ。

林包明（高知、士族）　おかしい、おかしいではないか。私には納得できない。たとえ形式上は集会条例の妨害を蒙ったといえども、その精神においては少しもこの条例のために改変するところはない。すなわち、本年一一月を期して当地に会して共に国会請願のことを図ることが先の規約で最も緊要の点ではないか。ここに私が会しているのも規約を奉じてのことだ。私ばかりではない、同盟諸君も私と同様のことと信じる。それなのに、形式にこだわってその精神を抹殺し去ろうとするは奇怪というほかない。こう言えば、いかにも同盟外の諸君にたいしては不親切に聞こえるが、そうではない。国会請願なり建白なり、彼らも等しく愛国の情に切実たる者だからこそ、我らは頭を下げてでも彼らの参加を乞うのであり、いわんや彼らが自ら参集するのであればなおさらのことだ。とはいえ、この大会の秩序を正さなければその基礎が堅牢にならないのだから、まずは、この会の性質を論じて同盟の基礎を堅牢にすることを希望する。

宮村三多（大分、士族）対立する両者の論旨をよくよく吟味するに、どちらも枝葉の議論で取るに足りない。何となれば、諸君はいやしくも国会開設の成果を得ることを最大の目的としているのだから、心を一にして力を結集することが緊要なることを知っているはずだ。同心共力の緊要なるを知っている以上、何でかくのごとく主客を区別する必要などあるのか。よろしく来る者は拒まずで、共に前途を協議すべきだ。今会の性格の議論が出てすでに二日、諸君の脳漿を攪乱してばかりいる。この議論に今決着をつけておかないと、後日に至るまで秩序論（組織論）で面倒を引き起こすかもしれない。だから、こんな枝葉の議論にあれこれ時間を無駄にしないで、早く決議を取ることを切望する。

以上で、林は愛国社、香月と宮村は九州派である。見られる通り、「本会の性質」いかんという本質的な問題が、以上三人の議論では形式論にずらされている。香月の意見は問題そのものの抹消、これに反対して林は精神論であり、三人目の宮村は両人の対立を枝葉の問題だと切り捨てている。ここでまた議論が紛糾して、結局「懇談会」を開いて議論することに決した。ここで懇談会とは秘密会のことであろう、さすがに探聞書にはそこまでの議論は記録されていない。そして懇談会は結論する。「期成同盟の名称を廃し、大日本有志大会という」。「国会期成同盟」は正式に抹消されたのである。

しかし、代わって「大日本有志大会」とは何とも解し難い決定である。そこで議論がなお続く。何時から、何を以て本会を「公会」とするか。すでに初日の決議で本会を公然認可を受けて開会すると決めているが、二〇日以降を公会とするのではその日までの討議は秘密会ということにならないか。ある者は二〇日以降に官の認可を受けて開会する会議こそ公会と称すべしと言い、あるいはたとえ官の認可がなくとも各地の総代が集まって天皇陛下の聖詔を奉戴して国会のことを議する、これを公会といわずして何を公会というか。いや、理不尽千万の明治政府ながらその認可を得て初めて公会というのだ。ああ何ぞ卑屈の甚だしき、などなど。文字通り甲論乙駁が続いたが、結局「十日以降の会を公会とする」と追認する形で決着した。なお、「国会期成同盟」と同様に、この「大日本有志大会」なる名称も、以降の議論で使わることはまったくない。同盟結成大会の継承性が否決された以上、盟約の趣旨につき初めから議論をやり直すべきはずであったが、会議は自分たちの性格をあいまいにしたまま延々と続けられるのである。これがそもそものつまずきのもとになった。

そこで続いて、本会の役員人事を決めた。ここで役員とはこの会議の運営役ということでなく、会議が団結を固めるべき我が政治集団（全国評議会）の役員である。以下に列挙する。

議長、河野。副議長、郡。立案委員五人、箱田六輔（福岡、平民）・林・松沢求策（長野、平民）・鈴木舎定（岩手、士族）・新井章吾。本会幹事五人、郡・小田切（後に井出正光、愛媛士族に交代）・香月・

杉田・沢辺正修（京都、士族）。

見たところ愛国社と九州共愛会、それに新規参加者の混成である。これ以降の議事を読んでも、彼ら役員がいくつかのフラクションに分かれ、それぞれがヘゲモニーを行使しようとした様子はほとんど見られない。国会期成同盟が抹殺されたからでもあるまいが、参加者の振る舞いは結社代表でもなく、個人なのである。河野広中は議長に選ばれたが、なぜか以降の議事で内容はもとより議事進行上でも沈黙したままである。愛国社グループが結束して方針を通そうとして敗れた、私の偏見ではこんな風に会議の進行を読みたくない所以である。

愛国社の混迷

次は会議四回目以降、我らが集団の規約の制定である。ただし、前回大会を継続すべき国会期成同盟はすでにない。代わりの団体名も曖昧のまま、何よりもこの団体の運動方針が未決である。だからであろう、以下の組織規約の議論はいきおい形式論に流れていく。些末な議論の感を免れがたい。それに、歴史を知る者にとっては、本会を継続すべき大会はもう持たれることがなく、この組織の存続を前提にした規約論議はすでに意義を失っている。私も以下では議事の展開を細かく追うことはしない。

ただ思うに、組織の規約とは本来官僚的な決まり事ではなく、それこそ我らは誰なのかという組織の本質論に属することのはずである。私がここで想起するのは、状況がまるで違うが、ロシア社会民主労働党がボリシェヴィキとメンシェヴィキとに分裂した党大会（一九〇三年）のことである。「組織するということは、何よりもまず規約を作成することを意味する」。こう考えてレーニンは会議に臨んだ。そして、「規約条項がまずいくらいでは、われわれはまだ滅びたりはしない！」と発言していたにもかかわらず、規約案の語句の仔細な相違から対立が嵩じて、遂には誰も予期していなかった両派の分裂に至ったのだった。来るべきロシアの革命にとってこの事件が運命的であったのは言うまでもない。そして、規約の語句のわずかな違いとは他ならぬ党員資格の規定にあった。それこそ「われわれは誰か」の共通認識（盟約）が割れたのである。

かつて私が『政治の現象学あるいはアジテーターの遍歴史』で、この大会のドキュメントを詳しく追ってみた所以である。大衆の反乱がその政治的遍歴の途次に必ず遭遇する集団内部の事件として、これが経験されるからに他ならない。それに政治の舞台では、そもそも論戦を闘わせることを通じて初めて、集団は己を知り論敵との差別を自覚するに至るものだ。理論やその啓蒙などによって、集団意志を変えるものではない。

これまで国会期成同盟第二回大会の議論をたどりながら、私が終始注意を向けたのも結社の乱が全国評議会を形成する途上の出来事としてこれを読むことだった。そしてこれまでの経緯を見る限り、この二回大会の議論は「何をなすべきか」という運動方針を改めて提起し議論することを抜きにして、もっぱら「本会の性質」の自己確認を迫られていた。組織論はこれだけを切り離せばただの組織いじりに矮小化されてしまう。かくて紛糾を続けて議論はすでに四日目に入る。

まず、議事規則が提案された。これは会議の運営規則のことである。次いで第五回の会議、ここでまずは「現会組織仮則」が提案された。現に進行中のこの会議への参加資格である。

本会は自由主義を以て百人以上を結合し、現に国会開設を切望する社或は組合の委員を以て成立す。其百名に足らざるもの若くは単身独歩の者と雖、真に国会を切望することを保証する者三名以上あるときは、正副会長及び幹事の意見を以て之を許否す。

ここにある数字についていくつかの議論が行われ修正案が出された。ことに、単独者の入会資格が問題であったが、結局会議で承認された。宮村の反対意見を次に挙げる。

宮村三多（大分、士族）　諸君の意見を了解することは全くできない。知識があるとか学芸あるとかの理由で、団結の有無を問わずこれを容れんとするのは大いに問題だ。私は「断じて都人士に精神なきを信じる」者だ。本会は春の大阪会議を継ぐものなのだから、この会に加入して共に国会のことを議するには「多少の結合」がなければならない。それなのに学識あり精神ありの都人士にして、結合して加入を乞う者は誰もいない。彼らは我々とともにことを図る意がないのだ。それなのに規則を曲げてまで彼らに加入を求めるのは了解に苦しむところだ。

以上の議論を聞くに、まずはこの会議の参加資格として一定以上の人数からなる結社の代表でなければならない。宮村などが単独参加に反対した理由であるが、彼の意見には都会の人士への地方結社の不信感がにじみ出ている。だが、結社の構成人数や単独者の推薦人の数などはそれ自体では枝葉の議論である。何よりもこの会議は何を目指して集まっているのか。「国会開設を切望する」が二度繰り返されている。これが共通認識なのは疑えない。だが、冒頭の「自由主義を以て結合する」の自由主義とは何を意味するのか。この会議で議論すべきことではなかったろうが、それにしては杉田や林の根性論の裏には自由主義についての独自の見解があったであろう。今回の大会日程の最後に、自由党の結成、あるいは開設を切望する国会のその中身の問題が浮上することになろう。

同盟規約、我らは誰なのか

さて、ここで議論は第六日目に入る。いよいよ我らが集団の組織方針をその運動目標とともに議題にする。先日までは会議の参加規則であった。ここから本会議の頂点ともいうべき日程が始まるのだが、議論の錯綜はいよいよ著しい。

議長がまず本日から第三号議案の討論に入ると宣言するのだが、先だって藤公治（滋賀、平民）からの動議が出る。「国会開設を請願するのか、それとも団結方法を議論するだけで解散するのか。近々太政官が国会請願条例とかを出す噂がある。こうなれば請願の道を失う恐れがある。今後の方針の議論のまえに、請願の手続きを議定するのが今日至急を要することではないか」。

議長が答える。「この会の目的は将来の団結を堅固にするにあるのだから、まずは三号議案から議論したい。そうでなく請願の権を先議しても、本会の解散命令でも出たら諸君出京も徒労になり、この会も滅亡をまねくかもしれない」。そこで三号議案先決が決議された。大体、河野らにしてみれば同盟としての請願は政府の拒否にあってすでに問題となりえない。だが、この大会に初めての参加者には国会請願が同盟の運動方針たるべきであって、今後の「団結方法」の議論には付いていけない。差し当たってはこの政治意識の遅れが議論の足を引っ張っているのだが、河野は無視して強引に組織方針に議論を持っていく。

三号議案　大日本国会期成同盟規約

第一条　（今回東京に会する）各府県有志組合を以て大日本国会期成同盟と為し、国会の開設に至る美果を見んことを謀るべし。

第二条　国会開設の成るに至る迄は、幾年月を経るも同盟を解かざるべし。

第三条　大日本国会期成同盟中央部を東京に設置すべし。第四条　略。

第五条　国会開設の成るに至る迄は、各地に於て常に成るべきだけの遊説を尽くし、各地の団結を謀り、全国の人民をして国会期成の為に合同尽力するに至らしむることを勉むべし。第六条～第八条　略。

第九条　国会開設に着手するの日を以て明治一四年九月と定むべし。以下、第一二条まで略。

この三号議案、愛国社など今大会を準備した者たちが事前に用意したものを、手を加えて提出したに違いない。結成大会で合意した同盟規約はどこへ行ったのか。知らん顔をして「国会期成同盟」の名が出現して、その「規約」だという、同盟東京中央本部を重視している、さらに「国会開設に着手する」目標日が一年後に設定されているなどである。だから当然、すぐに疑義が出る。

赤沢常容（新潟、士族）　先日は本会を有志大会と決めたのに、ここで同盟と改めた理由は何か。
鈴木舎定（岩手、士族）　将来に適用するためだ。
上條　司（長野、平民）　第九条の国会に着手云々とは何のことか。
鈴木　憲法を議定するなどのことを言う。
小島　この同盟を集会条例の範囲内にありとするのか、それともその外にあるとするのか。
鈴木　精神は範囲外にあるものとする。
河野・郡・松沢より建議　この提案の趣旨は、中央本部を盛大にしてこれを中央政府に擬し、各地の組合を府県庁に比し、中央本部より直に各地の組合を管轄する精神である。

おそらく、以上の鈴木舎定の答弁や河野らのコメントの背後には、彼らの抱く「私立国会」の概念があったのであろう。一年後に（先延ばしして）国会に着手しこれを制憲議会にするとか、同盟中央本部（中央委員会！）を強化して政府とし、各地方結社は府県庁として管轄するなどである。しかしそれにしても、河野らの提起の仕方はいかにも藪から棒で消化不良、はなはだ拙劣な言説だと言わざるをえない。私立国会はおろか、「国会に着手する」だって「憲法を議定するなど」と返答するばかりである。それに、抹消が決議されたはずの「国会期成同盟」を議論もなく復活させている。だから、河野らの提案は取捨決せず、次回以降の議論の混乱に拍車をかけるだけであったようだ。

松沢　第三号議案は国会開設の一点に限定されているため、狭隘だと思う。私の精神はもとより国会を切望するとはいえ、国会開設が望めるならばまた政党を立ち上げることを渇望する者である。この故に、盛大なる中央本部を東京に設置して正副部長をおき、さらに全国を八区に分けて各区より委員一名を選出して、これを本部の常務委員とする。その費用は各区が分担する（すなわち国税のごときものだ）。

小島　三号議案の趣旨は次の三点にあると思う。第一、地方の団結を強固にする、第二、団結を拡大する、第三、各地の状況を通報すること。しかしこれでは全体として法律（集会条例）に抵触するのは明白である。退いて日本人民の有様を見るに、ロシア虚無党のように甲が倒れれば乙が立つ、という勢いはない。だから、法理に抵触すれば、人民はこれがために奮起するよりむしろ萎縮する恐れがある。断然この案を廃棄して別案を設けるべきである。

林　小島案は了解に苦しむ。何となれば、私は諸君と精神をもってこの規約を結ばんと欲するのみだ。どうしてこの規約を官に届けて世間に公告し、自ら集会条例の罪人なりと表明する必要があろうか。

小島　思念や決心は無形のものだから、いかなる思想を持っていても政府は決してこれを罰することはできない。とはいえ、これで罪を免れる者は僥倖というべきことだ。諸君と議論するにあたって、法律に触れしかも僥倖にして政府に罰せられないと希望するなど、卑劣も甚だしい。僥倖を期待するのでなく別に方法を設けるべきだ。

新井　小島の案こそ卑劣千番だ。今日の風潮はようやく激昂の勢いをなしてきた。実に大事の時と言わざるをえない。それなのに小島案のごとく、こちらから避けて残酷無比の集会条例のために道を開く。つまりいわゆる「道理そこのけ無理りお通りだ」では、政府はますます抑圧の意を逞しくして、人民はいよいよ卑屈におちいってしまう。それゆえ、私はむしろ法の罪人となり身と首とが所を異にするも敢て辞さない覚悟だ。いわんや集会条例違反は重罪でも禁獄罰金に過ぎない、何ぞ畏れるに足らん。

小島　新井君は私と日本の形勢の判断が異なるから、かかる意見を持つに至ったのだ。もし新井君の判断が誤りでなければ、私とてもとより甘んして自由のための罪人となろう。だがいかんせん、今日の形勢は君の判断のごとくではない。新井君の説はいかにも壮快、その心勇猛だとはいえ、まったく実地に益のないだけでなく、かえって害を招く恐れがある。

沢辺正脩（京都、士族）我一人の精神を以て論じるなら、もとより新井君に同意するけれども、いかんせん、私は千人余の総代であって、新井君には同意できない。小島君に賛成する。

政治方針は出し方がまずければ討論は精神主義、過激か穏健か、はては自己犠牲か逃亡かの対立にはまり込んでしまう。ことに、林ら愛国社グループの発言にこの傾向が目立つのは特徴的なことである。ここで集中砲火を浴びている感の小島（忠里）は「単身」参加だが、大阪大会以来の尽力と保証人三名があるため会議参加を認めると、この会議六日目の冒頭で決議されている。本人は「愛国新誌」の編集者であり、れっきとした愛国社グループのはずである。議論は次回にまだ続く。

郡副議長　今回は地方総代で参加された諸君のうち、単身個人責任での出席を認めるよう求める者がいる。彼らはたんに国会開設請願の委任を受けているだけで、同盟規約にもとづく委任は受けていないという理由だ。しかし、この席に共に結約する以上は、国に帰ってたとえ社員が不同意を唱えるとも、その身一個にて十分この結約を履行するつもりがあるのかどうか。

松沢　もちろんいうまでもない。

香月　私はこの件に大いに痛心している。先のごとく総代でなく個人責任を望む諸君らは、けだし結約履行について懸念する所があるためだろう。だとすれば、結約しても益がない。この点を十分考慮してほしい。

小島　総代変じて単独となったとしても権利が異なることはないはずだ。

同盟盟約の解消

振り返ってみて、今回の討論は以上数日間に頂点を画したのだと思う。確かに議題の出し方が拙劣、議論はかみ合わない。だが、運動と同盟が今どの政治局面に立っているのか、彼らのそれぞれが無意識にも体現して発言している。この有様を垣間見ることができるだけでもこのドキュメントは得難いものであり、ひいては民権運動の到達点をこの混乱に見定めることができる。私はそう思う。

会議は九回目を迎え、混迷はさらに深まる。前回の決議として三号議案の修正案を策定することになり、これが討論にかけられた。「修正案　国民社盟約書」である。またまた国会期成同盟の名が引っ込んで「国民社」になる。盟約書の趣旨は、国会開設を目的とすること、この目的達成のために全国の同意一致を必要とする。そのために、新聞と演説者が必要不可欠である。「よって今ここに結社盟約してこれを実地に行わんと欲す」。

この修正案でおそらく、国会期成同盟の盟約の精神は消えて、結社の乱を運動体の全国連合にすることに規約が限定されたのである。原案の条項が骨抜きにされた。中央本部の代わりに「第一条　社は東京に置く」とそっけない。第九条には「明治十四年十月一日を以て東京に公会を開くべし」とあり、原案の「国会に着手する」は消えた。「公会」とは届け出済みの集会ということである。

松沢　聞く所では、本会に政府の立ち入りがあり解散命令の閣議決定がある由。であれば議事規則などに拘泥して無用の弁をなし、貴重な光陰を消費しているうちに、忽然落雷の変があるかも測りがたい。せっかくの会合も何ら功をそうせずに終わってしまう。

小島（修正委員）　私は当初国会開設実現に楽観的だった。だが、春以降政府は請願建白を拒否、我が党に適用した弾圧策の有様を熟考するに、請願建白による国会実現論はむつかしいと考えるようになった。しからばどうするか。遍く全国人民が団結し我が党の勢力を強くすることが急務だ。さらに、決死の士を養成すること、維新におけるごとくに。今日政府を掌握する者たちはかつて維新の決死の士であった。今日輿論がすでにここに至っているのに国会開設が成らないのは、決死の士が乏しいからだ。ここに弾圧による被害者の救済条項を盛り込む所以だ。

主義の党か政治同盟か

会議はさらに第十回に入り、議論は運動体としての盟約から、一転飛躍して自由主義の党形成と憲法案の問題におのずと移っていくようである。実は、先日二〇日は会議が休会で、この日には再び自由党懇親会がもたれたという。共愛会・嚶鳴社・東洋自由新聞（松沢・松田）・一部愛国社（林包明ら）、前回同様にこれら四グループが協議した（前掲、飯塚による）。この結果なのだろう、前回から明らかに会議の基調が変化する。国会開設を求めるとして、国会ならどんなものでもいいのか。とりわけ、政府が国会創設と憲法発布を布告するという風聞がある。これに対抗できるには、自由主義の国会という「主義」を固めることが必要だということである。しかも、この議論は共愛会が主導するのであり、愛国社は議論の上ではむしろこれに反対して同盟の全国評議会に固執している。以下に見るとおりである。ということは、同じく自由党といっても共愛会などが想定する自由党は、愛国社板垣のそれとは別物である。共愛会の特異な組織構成からしてこの食い違いは理解できるのだが、後に回す。

黒岩保教（高知）　私の意見は、ここでは主義のいかんを論じることなく国会期成を大趣旨とすることだ。本同盟がもしも主義を確定して自由党あるいは何々主義党とするのであれば、これに不同意の者は加入できない。今日の急務は広く全国の人心を結合することにある。だからこちらから全国の区割りなどはせず、国会開設を御旗にすればこそ、全国人民にして国会を希望する者は主義のいかんにかかわらず運動を共にすることができる。

鈴木　「国民社」の名前ははなはだ面白くない。国会期成同盟に戻すべきだ。政党を組織することは大いに宜しいが、これは別の話題にすべきである。
郡　自由主義とか国会期成とか称するより、日本有志親睦会と号して、我々人民、国民たるの本分を尽くすことを以て大趣旨としたらどうか。
新井　自由党とか何主義とか称するのはよくない、やはり国会期成を眼目にすべきである。
杉田　いや、敢て国会期成の一事に止まらずに、真理を研究し天賦の自由を拡張することを以てこの会の大趣旨とすべきである。
草間時福（東京、嚶鳴社）　主義の立たない国会には甚だ不同意だ。自由を主とする国会期成にすること。なぜなら、国会の名義に拘泥して主義の何たるかを問わないとすれば、現政府が一片の官令によって国会を開くとしたときにも、これに満足してこの会を解散するのか。私は完全なる国会を望む。政府の意向に関わらず永遠にこの会を持続させるよう改めるべきである。要約すれば、第一、十全なる主義によってこの会を永遠に維持できるようにしたい。第二、現下の事情が許さないとすればやむを得ず国会期成とする。
松沢　広く自由を主義として国会期成もそのうちに含めたい。

本来なら、こうした議論は本大会の初めに同盟の運動方針として議論に乗せるべき課題である。いきなり自由党とは飛躍があるが、今回の会合の最後に憲法作成、さらに国会開設の再請願が提起されたことに伺えるように、請願運動から党形成に至る幅広い政治的スペクトルのもとで同盟会議は始められていたのである。このスペクトル分裂を一本に固めるべく、国会再請願、その連合と同盟の強化、憲法制定会議としての国会開催、以上をリードすべき主義の党の必要性といった順番で、議論が深められる。その契機が随所で浮上していたのである。

それはともかくとして、第一〇回会議では先のような議論を交わした後に、決定がなされた。一、盟約は国会期成に止める。二、自由党は別に立てる。以上の通りここで自由党の話が突然登場して、国会開設を目指す運動体の連合から、同盟の主義を明確にすることに議論が飛んだ。だが、今回の大会では結局、自由党結成の話は別立てとされた。私の偏見からすれば、結社の乱、その評議会の結成強化、評議会内部の大衆の党とその背後にあるべき党（自由党）という政治の構図が、彼らの議論からおのずと浮かび上がってくる。だが、肝心の全国評議会の自己確認と運動方針につき、合意が得られないのだ。ともかく、本日の会議の結論として、以下のような合議書が決議された。これまで十回の議論を経て、結局、結社の乱の連合拡大という盟約に落ち着いたと言えようか。なお、次の合議書で第三項、「郡国県の戸数の過半数の同意」を得る条件を満足できるのは、多分九州共愛会しかないであろう

国会期成同盟合議書

1、国会開設のため今ここに会合するものを国会期成同盟とし、国会開設の美果を見るまではいつまでもこの盟約を解かない。2、明治一四年一〇月一日より東京に会議を開く。3、それまでに郡国県の戸数の過半数の同意を得てから参集すること。4、来会には各組は憲法見込案を持参研究す

べきこと。５、参加資格は百名以上の結合ある者に限ることとする。６、東京を中央本部として常務委員二名を置く。以下、省略。

振出しに戻って

次いで第五号議案、本大会において憲法見込書を審査議定すべしとの提案が河野議長から出される。だが、以下のような意見が出て、憲法見込書審査の件は結局廃棄された。

杉田　本員は該案を廃棄せんことを欲す。今日の急務は地方の団結を強化して実力を養成することが肝要であり、十数人を公選して憲法草案に時間を費やすことは不要だ。

宮村　当議案は誠に大切である。万一政府が官令で憲法を以て国会を開設することがあれば、諸君はそれからおもむろに憲法草案を起こし、政府にその改良を要請するつもりか。

杉田　明治政府が来会までに国会開設はしないこと、私は太鼓判を押したい。

小島　原案を廃棄せよ。

黒岩　実力を養成して国会開設の障害を打破せよ。憲法案は今日の急務ではない。

その他、林・香月は原案を支持するも採決の結果廃案となる。

議長の河野がこの憲法議案については「別に質疑を要するほどのことはあるまじ」と切り出したのに、杉田がまず反対して、憲法審議そのものを排除してしまったのである。ここにも憲法より国会設立そのものを先決とする愛国社の思想が働いていたであろう。

次は、国会開設の再請願という運動方針の可否である。「第六号議案　大日本国会期成有志公会。前回大会で天皇陛下に願望するの書を太政官に提出するも、その権利なしとして受理されなかった。この権利をなお追及するか。本会の名義で再度願望するか、それとも本会解散の後に願望するかどうかは地方の意に任せるか」。

八木原繁祉（新潟、平民）小生の今回上京は地方の結合を強固にするためであり、請願の件は委任外のことだ。／小島　本案は各自の好むところに任せる他なしとの提案なのだから、議論するまでもなく廃棄だ。／井出　はなはだ必要な決議だ。なぜなら請願の権利の有無を政府に向って尋問することは緊要のことである。／沢辺・新井　この会議は世間も政府も注目しているところなのだから、公然公開して公衆の面前で議論すべきだ。／松沢　その通りだ。我が党が不承不屈に権利の取り戻しを政府に要求すれば、明治政府もいかに盲聾であろうと多少は感動するだろう。人民もまた絶えず国会のことを聞けば誘導されることになろう。／太田伯一郎（新潟、平民）我らは人民の委任を受けて出京したのに、秘密会議で終わったならどんな疑惑を生じるか測りがたい。また、憲法を議するというが、私は人民から学術研究の委任を受けているのではない。当案件をよろしく公会にかけて疑惑を解くべきである。／郡　この会の初めに政府の認可を受けて公然開会すべしと決定した。その時にはあるいは許可が下りるのではと思ったが、近日聞くところでは届を出しても政府は決して認可しない。だから請願するかどうかは各自の意見に任さざるをえない。／新井　国会あって後の憲法なのだから、国会請願こそ急務の順序である。あえて郡に問うが、政府がもし本会届け出を認可したらどうか。／郡　許されないと確信する。

何やら議論は振出しに戻った気配で支離滅裂である。以下、政府に届け出て認可を受けてこの会を公開して請願の件を議論することをめぐって、なお両論入り乱れて決着がつかない。もともと二〇日を以て届けを出すことを決めていたのだが、会議はこれでもう一二回目、一一月も二五日になっている。このまま閉会せよとの意見も出る。結局、政府公認の届けは出さないことに決した。請願についても会としての再請願は否決された。最後に杉田らの大演説を聴いておきたい。

杉田　我党が国会論を唱えるのは即ち天下公道にもとづくものであって、もとより政府に向けて請願することではない。天地初めて分かれて人間がその間に生まれたとき、もとより君もなく臣もいなかった。しかしながら、我が国では神武以来二千五百有余年の習慣で、政権は政府が主宰するところとなってきた。これは決して天地の公道でも宇宙の正理でもない。だから今、非理非道の政府のために占有されている権理を回復するには、すべからく実力を養生することが急務である。請願するなどはそもそも卑屈の見解というべきだ。我が国の国土はわが国人民の国土である。その国土に国会を開くのに請願するの理があろうか。

鈴木　全国の精神の集合である本会から請願する場合でも、相手になるのは等外の役人でしかない。とすれば人民はこの待遇に疑惑を生ずるのではないか。請願しないのがよろしい。

黒岩　政府廟堂にとっては今日の請願者など青書生に過ぎず畏れるに足りない。畏れるべきは地方の強硬な有志だとしてもっぱらこれを離間する策を考え、すでに三県は着手したとか。そうだとすれば地方の結合を強固にするが急務かつ最重要だから、速やかに郷里に戻りその結合に尽力するにしくはない。

松沢　地方の団結はもとより欲するところだが、私は請願は大いに政府にたいして功能があると知っている。現に不完全ながら元老院では憲法草案を作っている。これは我が党の請願に刺激されてのことだ。

国会期成同盟第二回大会の会議はあと三回続けられるが、一一月三〇日、会合第一五をもって終了した。最後のこの三回の議事は事務的な決議および弾圧にたいする犠牲者の遺族援助についてだった。最後に、愛国社関係の会合につき短い記録があるので取り上げておきたい（一一月二六日）。まず参会者は以下の通りである。河野広中・森脇直樹・杉田定一・島地正存・内藤魯一・林包明・井出正光・伏木孝内・橋本是哉・宮村三多。会合では森脇が愛国社の今後を問う。杉田いわく。愛国社を再興した所以は天下の睡眠を攪拌し、外には国権を張り内には民権を拡張せんとすることだった。そして愛国社の誘導によって人心は奮起し、国会開設はすでに天下の輿論となるに至っている。その功績また大なりというべきだ。愛国社再興の趣旨はほぼ満足すべきものである。解散の時期が来ている。私は愛国社を解散して、別に自由主義の一大政党を組織することを求めたい。

全国評議会の自己権力路線の敗北から「主義の党」への転身、これはむしろ短絡である。その後の板垣自由党の結党については、本章の最後に短く振れるが、もともと私の関心は自由党にはないことをこの段階で断っておきたい。

自由民権運動の栄光

さてさて、それにしても長丁場の国会期成同盟第二回大会であった。私がこの会議に参集した者たちの発言のいちいちに付き合ってきたのも他でもない。自由主義であれ民主主義であれ、私の関心は自由民権運動の「思想」にはない。その「運動」の論理を理解することに、もっぱら関心を寄せながら彼らの討論を聴いてきた。ここでいささかのまとめをしておきたい。

まず象徴的なのは、国会期成同盟大会を唱えながら、肝心のこの名称自体が当事者たちの間で二転三転、最後まで確定しないという逆説めいた経緯である。これが期成同盟の大会であることがまず冒頭で否認された。その後、大日本有志会、大日本国会期成同盟、国民社、国会期成同盟、国会期成同盟有志会と変更が続く。まさしく、ここに会した結社の乱の代表たちが自分たちは誰なのかと自問しつつ、焦点を定められずに右往左往した二〇日間であった。最後まで、自分たちの「名前」を決めきれずに散会した。ただ一点、地方の団結を強固にすること、つまりは結社の乱の強化そして同盟の必要だけが、誰もが手放さない思いである。

今大会は前回の大阪大会の拡張版なのだから、あらかじめその呼びかけ人・執行部ともいえるグループが存在したはずである。愛国社である。繰り返してきたように彼らの事前の目論見は「全人民の大集会」としての第二回大会であった。だが、前回からのこの一年は結社の乱が頂点に達する時期であった。当然ながら新規参加の地方結社代表が大勢参集する。彼ら「大衆」の意向によって、「大集会」どころか、議論は運動体の連合会議のレベルにまで押し戻されたのだった。国会期成同盟第二回大会はまずは「抹消」と決議された。だから冒頭で、一年前の方針は放棄されざるをえず、以降の会議では、もっぱら運動体の連合を強化してその成果を地元に持ち帰ることに議論が終始する。こうして「有志大会」を今一度期成同盟の盟約へ引き戻すのである。

これに抗して、愛国社グループは、集会条例にもとづいて官許を受けるという決議をうやむやにして、事前に準備した議案を繰り出す。まずは、同盟の「規約」である。規約とは集団の盟約主体が誰であるかを自ら規定することであり、この意味で規約の議論は時に紛糾して組織の分解に至ることがある。レーニンの例を挙げてすでに説明したことである。そして、幾日もの甲論乙駁の末に「大日本国会開設同盟規約」は否決されて、連合組織の暫定規約「国民社盟約書」「国会期成同盟合議書」が可決された。集会を全国同盟として盟約強化することに成功しなかった。結論として、盟約は国会期成に限定され、自由党結成も憲法も別件ということになる。この間に、世に言う愛国社系のヘゲモニーは失われて回復することはなかったろう。

二〇世紀の革命運動の経験からする私の関心については先に触れた。結社の乱の熱気とカオスにあおられるようにして、結社の全国集会がもたれる。反乱の全国評議会が志向される。ここには複数の政治集団（大衆の党）がすでに存在していて、これらは評議会を政府権力に対抗できる独自の権力として形成しようとする。ヘゲモニーをめぐるこの党派的抗争は大衆の党そのものをも動揺させ、激しくその再編を迫られる。私はこうした過程として以上の長い会議録を読んだ。混乱と紛糾は必然であり、むしろ混乱した議論と抗争こそが乱の乱たるゆえんの指標なのである。

そうした中で、政府にただ国会開設を要求するという大衆運動の論理の危うさに気付かされる。政府が一片の布告を以て国会を約束したらどうなるのか。いかなる主義の国会を求めるのか、その主義を明確に持たねば政府の国会に対抗できない。今回の議論のお終いの方で、草間時福などから提起された問題である。主義といえば当然自由党の結成の構想に行き着く。だが、自由党とは何か。「全国人民の大集会」は自由党とは別のはずだから、逆説的にも自由党はまずは非愛国社系結社から提起された。愛国社が自ら解散して自由党結成とは、おのれにとって唐突な議論の飛躍ではないか。自由党は反乱の評議会におけるヘゲモニーとどう関わるのか。「秩父困民党」の動転ぶりがまさにここのところで想起される。

国会期成同盟第二回大会は、こうした二〇世紀の運動経験の、わが国でのはしりとなった。その紛糾と政治的無能ぶりの有様にこそ、広く自由民権運動の頂点と栄光が存したのだと私は思う。この運動の政治的遺産である。従来の常識では、国会開設請願から各地の私擬憲法草案の起草、そして自由党結成へというのが自由民権運動の理解だったという。これに異議を唱えてあえて国会期成同盟第二回大会の議事に注目したのが、坂野潤治や松沢裕作であったろうが、私の読み方はこの二人とも随分違うものとなった。両人は愛国社の私立国会路線という一本の道筋とその挫折としてこの大会を捉えているが、そんなものではなかった。あえてこの会議の進行を逐一追うことが必要だと考えた所以である。そして、会議の最後の否定的結論（国会再請願否決ならびに自由党結成棚上げ）にばかり注目する従来の議論を無視して、敢て会議中盤の同盟規約の議論とその紛糾に、この大会のハイライトを読んだのである。愛国社が固執した同盟自己権力論の筋道はこの大会、さらには明治一四年の政変を以て行方をくらますのだが、その痕跡は思いがけない形で中江兆民に、さらに自由党の運命にも取り付いていく。これが今からの構想である。

4　合法無血のクーデタ

もう一つの結社、交詢社

中江兆民とルソーの話題に進む前に、ひとつ片付けておくべきことがある。国会開設請願運動と併行するもう一つの民権結社、福沢諭吉系の交詢社《こうじゅんしゃ》である。こちらは人民国会路線とは対照的に英国型の国会と議会政党を追求してこれも敗退し、政変後に立憲改進党を結成する。同じく政党結成に進んだ自由党と対比して、改進党とはいかなる政党なのか。明治憲法体制下の改進党を念頭に置きながら、政変までの福沢系の民権運動に以下短く寄り道したい。

交詢社についてはすでに第一章の「多様な結社」の節に概略を記した。明治一三年一月の結成、国会開設期成同盟（三月）とほぼ同時の誕生である。もともと慶應義塾卒業生を主体にして知識の交換と世務の相談のためのクラブとして始められたが、演説会と新聞発行を以て自由民権運動の一翼をなすようになる。都会の知識人の結社である。その愛国社批判が面白い。「社員中に財産と名望とを有したる許多の紳士あるを聞かず。また、博学多識の老輩有りて相推挽するを聞かず。また、公共に対して充分に有為の経歴ありし人ありて、常にその社務を主宰するを知らず。それ世の公論は上流社会の組成する所なり。上流社会の信認を受くる能わず、またこれを制する能わず、いたずらに理論に訴えて政治世界を制せんとするも、決して能くすべきにあらず」(郵便報知新聞、明治一二年一〇月三一日)。少々くどいが、よほど愛国社を始めとして国会請願運動が目障りだったのだろう。これもまた明治の自由民権運動であった。

とはいえ、ここで注目したいのは愛国社と同様な意味で交詢社が体現していた政治である。愛国社は「いたずらに理論に訴え」るのみ、これでは政治世界を制することはできない。それでは、交詢社はいかにして政治世界を制するというのか。

翻ってみて、国会期成同盟第二回大会は同盟の運動組織論に終始して、いかなる国会をいかに開設するかという肝心の方針の議論に至らなかった。全国人民の大集会にしても憲法見込案の審議にしても、一年後の第三回大会の議題に回さざるをえない。代わって浮上したのが自由党という「主義の党」の結成であったが、これも主題にまで至らずに大会を終えた。国会期成同盟のこうした事態に対比するとき、他方で、福沢諭吉と交詢社の国会論はいかにも明瞭で具体的な国会のモデルを提案しているように見える。いわゆる英国議会モデルである。

明治一二年八月に刊行された福沢の「民情一新」から、そのエッセンスを本人の言葉で聞いておこう(全集第5巻、岩波書店、一九五九年)。政府と人民との敵対が厳しい欧州諸国にあって、よく時勢に適して国安を維持しているのが英国である。すなわち「党派二流あり。守舊と改進、両者かならずしも頑迷ならず、その内から人物を選挙して国事を託す。これを国会という」。国会は両派の名代人の会する場所であり、多数決でことを決する。「内閣の諸大臣も固より此両派の孰れかに属するは無論、殊に執権の太政大臣たる者は必ず一派の首領たるが故に、この党派の議論に権を得れば、其首領は乃ち政府の全権を握て党派の人物も皆随て貴要の地位を占め、国会多数の人と共に国事を議決して之を施行する妨あることなし」。とはいえ、時と共にその勢力が減じ他方の党派が優勢になる。すると、「政府改革の投票を以て執権以下皆政府の職を去て他の党派に譲り、退て尋常の議員たること舊のごとし。英国の政府は数年の間に必ず顚覆する者と云ふも可なり。唯兵力を用ひざるのみ」（四三頁）。

民情一新す

国会には選挙で選ばれて二つの主要党派があり、その一方の多数党が政権を担当するが、時勢の赴くまま政権の交代が起こる。議会政治はこれによって変わることはない。今日の光景からすればまことにわかりやすい議会主義政党と議員内閣制の民主主義である。しかしもとより英国の議会にはマグナカルタ以来六百年の長い歴史があり、しばしば血で血を洗う抗争を繰り広げてきた。現今の英国モデルが安定するのだって少なくとも二百年かかっている。それを維新以来の二〇年で我が日本国で達成しうるものか。当然のこの疑念にたいして、「然りと雖も」と福沢が持ち出すのが文明開化の下での「民情の一新」である。国民の嗜好が一変したのである。

福沢によれば、「今の人類の心情」は次のような理由で政党間の政権交代を歓迎する。1、「舊を厭ふて新を悦ぶは人の心情なり」。衣食住の新様を好まぬ者はいない。2、「今の社会に於て一国政府の事に関するは人情の尤も悦ぶ所なり」。議員と官吏とは、あたかも芝居において狂言作者にして役者を兼ねるがごとく、政治を差配することに例えようもない楽しみを覚えるものだ。3、議員同士に競争心、むしろ妬心が起きる。首相など目上の者が倒れるのを見てわが身を慰めるという悪念がおこるのである。4、人民の品性は自分に何の利害得失がなくとも他人の難渋を見て悦ぶ。首相の首が飛ぶのは人民の野次馬根性にとってこたえられない見物である。火事場の野次馬を見るとよい（四六頁）。

こうして、人民であれ選良であれ、「政府の変革を好むは世界普通の人情」であると福沢は言う。実際、英国の過去百年間の政権一覧を示して、それぞれの在位年数の平均が三年余と計算して見せる。今や我が日本でも国会設立と立憲政体の必要は朝野共に許すところである。ただ、国会はまだ時期尚早という意見があるのはもっともだが、これは英国の百年の過去を顧みるせいだ。文明は「一千八百年代」を以て面目を一新したのであり、日本も開国二〇年の間に二百年のことをなしたではないか。「此長足の進歩の時に当ては国勢更に復た一変して早晩国会を開くの日ある可き万々疑い容れず。唯其時に於て政権を得たる者が永世不変を謀ることなく、事の始より暫時の後には必ず復た交代するものと覚悟して、恰も政権の席上に長坐するの弊なきよう企望する所なり」（六一頁）。

福沢諭吉はかように論を展開して議院内閣制と政権交代を我が国会のモデルとし、同時に文明の高速展開の現実を以て国会時期尚早論を封じ込めようとする。だが、随分と飛んだ議論である。日本の人心も今や英国モデルの国会を求めているとする先の「民情一新」にしても、福沢がわざと下世話な例を挙げているように、内実は幕末江戸の庶民と何も変わらないではないか。民情が開化で一新とは読めないのだ。要するところ、早期国会開設を求める福沢諭吉の英国モデルは、維新以来わずかに二〇年、この極東の人心と知的水準からあまりにかけ離れている。福沢自身がついこの間まで民権家にたいして国会時期尚早を唱えていたのであり、今では国会開設請願運動の一翼を占めているとしても、弁明に無理が目立つのである。

福沢諭吉は「民情一新」に続いて同年に「国会論」を刊行してダメを押しているが、後者はほぼ全編が国会尚早論にたいする反駁になっている。たしかに、今なお日本の人民の智徳の度は低い。自主自治の気風が乏しい。政治思想が欠如している。加えて、旧士族のようにその思想がいまだ封建遺制に捉われており、現政府にたいする不平不満ばかりで、これがややもすれば軽挙暴動の弊害を生ずる。そうはいってもしかし、この数年来の我が社会活動の景況を熟察すれば、時期尚早論の非なる理由があるのだ。「然りと雖も」と切り返すスタイルがいかにも目立つ福沢の文章が並ぶ。

人心の狼狽に乗ずる

福沢が以上で今日の「我が社会活動の景況」と述べるのも、日本もまた文明開化の高速展開に直面しているという実情である。そのメルクマールとして挙げているのは、端的に蒸気（船と車）・電信・郵便・印刷、要は「千八百年代」の発明「交通」「情報」革命の展開であった。早い話が知識人周辺でも欧米の翻訳書のラッシュがあり、福沢自身が英国の記事を通じて同時代のロシア虚無党の事情をすぐに紹介するといったご時世である。欧米諸国が日本より進んでいるのは、その文芸でも理論でも宗教でもなく、ただこの交通情報革命だとするのである。我が国でも「進取の主義を先頭にして文明の進歩は止め難い」。民情だって同断だ。芋虫が胡蝶に変身したのだという有名な言葉が出る。

そして面白いことに、自ら作り出したこの革命のあまりの奔流に直面して、西洋人自身が「驚愕しまた狼狽し」ていると福沢は指摘している。鳩が鷹を生んだのだ。この狼狽の端的な表れが革命の騒擾である。開化が世の静謐を生みだすと思いきや、それこそ民情一新の軋轢が社会主義思想や虚無党のテロを生みだし、ついに国安を害するまでにいたっているのだと福沢が注意している。英国に比べて開化の遅れた仏、独、露では警察力すら無力の騒乱が起きている。

そして実は、日本でも英国モデルの国会早期開設が可能だと福沢が観測するのも、自ら急遽導入した文明開化の勢力に我が人民がびっくり仰天、狼狽している事実である。狼狽が人民の暴発につながる危険に警戒しながら、同時にこの狼狽にいわば乗じてことを進めるのだ。端的に、福沢が「民情一新」「国会論」の書を投じた巷の「結社の乱」こそがこの契機となる。先例として、徳川二百年の眠りから目覚めた維新の志士たちの決起に、繰り返し言及する所以である。綱渡りの戦略であり、要はタイミングなのだ。そして同時に、結社の乱が革命や騒乱の極端に走らない歯止めに、平穏に政権交代する英国流儀の国会・政党モデルがなるはずなのであった。「保守の主義と進取の主義とは常に相対峙して、其際に自ら進歩を見るべし」としながらも、この両極端の均衡が破れる危険を指摘して、両端の中を取る必要が強調される所以である。

私が国会期成同盟とまさに併行する福沢諭吉の国会論に注目するのも、とりわけ、英国モデルとして提出された議会主義政党のコンセプトにある。以上に見てきたように、この政党概念は英国以外ではまだあまりに歴史を先走りすぎている。保守と進取（革新）の二大議会主義政党を焦点化しながら、党の代議士の選挙権・被選挙権に関して福沢が全く触れようとしないのは特徴的なことである。英国ではすでに女性参政権運動までが勃興しているのであり、福沢は英国流の普通選挙権まで日本への導入が可能と考えていたろうか。

けれども、同じ先走りはまた国会請願運動における愛国社流の「全国人民」とか「人民の過半数の代表」とかの文句にも言えたことである。このような日本人民の民情からの乖離が、わが国での議会主義政党の定着を困難にしたのであり、この後、福沢らの立憲改進党、いやとりわけ自由党に付いて回るジレンマとなるだろう。結社の乱、一般に革命や騒乱という人民の「狼狽」を必要条件としてこれに乗ずるしかなく、しかもいかにして革命概念の極端を清算して議会主義政党に脱皮できるかどうか、このジレンマである。自由党は明治一四年に結成されるが、結社の乱の下で覚醒した人民国会論や革命主義の母斑を拭い去ることができない。さらに結成後の激化事件の痕跡を振り払うことがむつかしい。また、後に大隅による条約改正案にたいする反発から改進党に「偽党撲滅」の戦いをしかけて、両党の溝が修復不可能になるのである。改進党にしてみれば自由党を吸収あるいは合併して「英国労働党」を作るしかないが、自由党の革命主義の母斑がこれを妨げる。明治二三年以降の帝国議会を舞台に自由党と改進党が民権派政党として一本化し、他方で伊藤博文の保守政党に対抗するという、それこそ英国モデルの議会主義二大政党に生れ変わることがどうしてもできない。あるいはこうも指摘すべきである。ほとんど同じ時期に、欧州では革命に取りつかれた党派から社会民主党が分離していく。だが、自由党と改進党とが統一して日本における社会民主党を誕生させるという歴史を歩むことができなかった。

人も知るように、紆余曲折、両党はかえって伊藤の政友会に飲み込まれていくのである。その伊藤の政党と藩閥政府由来の官僚閥とが政権を長期にたらい回しした桂園時代、この奇怪な二大勢力の安定を以て、明治憲法体制が確立する。文明開化による狼狽に乗じるという福沢諭吉の国会論の戦略は、他ならぬ自由党と改進党によって無に帰することになる。

追い詰められる藩閥政府

私が以上で福沢諭吉の現状判断に寄り道したのは他でもない。英国者流の議院内閣制の樹立を、福沢は交詢社という結社によって現に追及していたのであり、これを通じて国会開設請願運動に対抗するのである。それればかりではない。福沢の国会開設と二大政党論は参議の大隈重信や井上馨など政府首脳に急速に浸透していた。ここの事情は史書に詳しいが、大隈は福沢の弟子(矢野文雄)が起草した憲法意見書を左大臣に提出した(一四年三月)。当然、英国流の政党内閣制であったという(安在邦夫『立憲改進党の活動と思想』、一九九一年)。同時に、交詢社の私擬憲法が発表され(四月)、これは同時に地方結社の憲法草案作りのお手本にもなっていく。大隈重信参議がこれとそっくりの意見書を提出した。伊藤博文ら政府首脳にとっては、交詢社はまさしく「十万の精兵を引て無人の野に行くに均し」い勢いである(井上毅)と危惧されたのであった。むしろ公平に指摘すべきだろう。明治一三年の「結社の乱」の勢いに直面して、政府は国会と憲法とを早急に欽定して乱を出し抜くべく焦っていたのである。

他方で、国会期成同盟はこの年の一〇月一日に第三回大会を開く予定であり、地方代表が続々上京してくる。その締めくくりのようにして、九月一六日には板垣退助が新橋駅に到着した。まさに民権派の総出、駅頭には交詢社代表も含めてあらゆる人士が群がってこれを歓迎した。場違いにもロシア一〇月革命の四月、レーニンの到着を歓迎するペトログラード駅頭の人だかりを想起してしまう。板垣と大隈、幻影の自由党と改進党、両者合体のクライマックスである。坂野潤治はこの頂点にまで民権派の歴史記述を盛り上げていく。これは「明治デモクラシーの決定的瞬間」だったと。デモクラシーのことはともかくとして、この瞬間とは民権運動の頂点であり、かつはその分裂の開始であった。

国会期成同盟第二回大会の決議で別に行うとされた政党の結成は、その後に自由党準備会ともいえる組織にまとまり、ことに機関紙発行を視野に入れるようになる。次いで一四年一〇月一日、同盟の第三回大会開幕となる。そして直ちに期成同盟を拡張して政党結成に目的を切り替える決議をする。「私立国会」はどこに行ったのだ。自由党結成大会に変身したのである。各地から持ち寄られた憲法案が審議されることもなかった。愛国社がその路線の挫折を確認したうえで自由党結党に方針を切り替えたのでもないようだ。後から振り返れば、愛国社による期成同盟強化策と自主国会論も抹消されて、そこから自由党が生まれるという逆説である。

この会議にも出席していた田中正造がこれに激しく反発したという。田中の意見では、地方と東京の結社が結集して国会期成同盟は「立憲政体党」を組織する方向に進んでいたのに、この構想を破棄して板垣ら一部有志が自由党の結成に走った。期成同盟を専断同様に破壊して自由党と自称したというのである（松永、上一二四頁、安在前掲、一一〇頁）。田中は大隅派の結社や新聞をも含めた大同団結の議会主義政党を、国会請願運動の全国評議会における「党」として構想していたのだろう。期成同盟の解体から自由党の結成という事態に反対していた。自由党と改進党の分裂の歴史にとって、ここは実際的にも理論的にも分岐点であったろう。田中はその後立憲改進党員として栃木県を党の有数の拠点とする。

国会勅諭とクーデタ

ところが、国会期成同盟第三回大会変じて自由党結成大会がまだ続くさなか、一〇月一二日、大隅重信が参議を罷免され、連座して大隅系の高級官吏たち、河野敏鎌、前島密、矢野文雄、小野梓そして尾崎行雄らが辞任に追い込まれる。明治一四年の政変である。しかしそればかりではない。同時に「国会開設の勅諭」が発せられて天皇自らが明治二三年の国会開設を約束した。政府によって舞台がひっくり返されてしまうのである。勅諭は宣告する。

朕祖宗二千五百有余年の鴻緒を嗣ぎ、中古紐《もう》を解くの乾綱《けんこう》を振張し、大政の統一を総覧し、又夙に立憲の政体を建て、後世子孫継ぐべきの業を為さんことを期す。曏《さき》に、明治八年に、元老院を設け、十一年に、府県会を開かしむ。此れ皆漸次基を創め、序に循《したがっ》て歩を進むるの道に由るに非ざるは莫《な》し。爾有衆《なんじ》、亦朕が心を諒《まこと》とせん。

顧みるに、立国の体、国各宜しきを殊《こと》にす。非常の事業、実に軽挙に便ならず。我祖、我宗、照臨して上にあり。遺烈揚げ、洪模《こうぼ》を弘め、古今を変通し、断じて之を行う。責、朕が躬《み》にあり。将に明治二十三年を期し、議員を召し、国会を開き、以て朕が素志を成さんとす。今在廷臣僚に命じ、仮するに時日を以てし経図の責に当らしむ。其の組織権限に至りては、朕自ら衷を裁し、時に及で公布する所あらんとす。

朕惟うに人心進むに偏して、時会速なるを競う。浮言相動かし、竟《つい》に大計を遺《わす》る。是宜しく今に及て謨訓を明徴し、以て朝野臣民に公示すべし。若し仍故《なおこと》さらに躁急を争い、事変を煽し、国安を害する者あらば、処するに国典を以てすべし。特に茲《ここ》に言明し、爾有衆に諭《さと》す。

明治十四年十月十二日

仔細に見ればまことによくできた勅諭である。皇祖皇宗を嗣ぎ朕自身が国の統治を総覧して、立憲政体の樹立を期してきたところである。すでに元老院を、ついで府県会を設けてきた。次に断然朕の責任の下に、明治二三年を以て国会を開き素志を貫こうと思う。天皇の意向と全責任の下に十年を待たずに国会を開くのだと告げる。そして、政府に命じて国会の組織と権限を立案させ、朕自らがこれを交付するつもりである。つまりは欽定憲法の下賜だ。民権の国会開設運動は舞台をひっくり返されたうえで、藩閥政府にヘゲモニーをすっかり奪われることになる。当然輿論は歓喜沸騰するだろう。だがいたずらにことを急いで軽挙妄動しこの大計を破壊してはならない。行き過ぎ防止の法規を定めて公布するつもりだ。それでもなお治安を害する者がいれば、法律を以て処罰すると明言し、合わせて国民に自重するように諭すのである。憲法と国会をめぐる藩閥政府と民党の攻防を予測して釘を刺すことを忘れない。

以降、国会開設に至るまで事態はまさに以上の線にそって展開していく。よくできた勅諭はまた、政府による見事な合法無血のクーデタであった。国会開設期成同盟の運動のみならず福沢の交詢社も含めて、自由民権運動はほとんど一瞬にして座礁したように見えた。

5　政論家中江兆民、登場

二つの自由新聞

中江篤介（兆民）はまず政論家として自由民権の世界に登場した。だが、この時期、政論家という立ち位置とは何であったろうか。メディアは主として新聞雑誌と演説会であったが、まずは二つの自由新聞の発刊の辞から、政論家として初登場する兆民の姿を捉まえる試みをしてみよう。始めに東洋自由新聞である。

人の子にして未だ人ならぬ幼児にも自由の権がある。いわんや五尺軀の大男児にして自由権なしなどということがありえようか。言や良し、婁騒《ルソー》いわく、「人にして自由権無きは人に非らざる也」と。現今、文物旺盛な欧米諸国を見るに、自由の権の亢張《こうちょう》を以て先務としている。自由権亢張とは何か。豊かにして自らを助けることに加えていま一つ、国民の啓蒙である。すなわち、憲令を著定して堅守して失わず、有司が権威をかさに着てほしいままにすることを許さないことだ。その後に農工商売を繁盛させるべく、徳行と技術を教える。モンテスキューも言っている。専制は果実を獲るべくその幹まで断ち切るものだと。

ここに東洋自由新聞を発刊して、意を尽くして日本国民の自由権を亢張して、これを東方諸国に及ぼさんことを期す。自分はいまだ素寒貧の一書生に過ぎないが、自主の大義を鼓唱し君民同治の制を主張するに、人後に落ちないつもりである。我が所見を紙上に載せて、江湖の諸君の吟味を得たい。（東洋自由新聞第一号、明治一四年三月一八日、全集11、二六頁）

見られる通り自由権の亢張である。自分はこの新聞紙上を借りて日本国民に自由の権を啓蒙したい。次に自由新聞第一号から。

二千年来の人民の卑屈という宿痾を抜き去り、人民を活発自由の天地に導かんとするとき、道理を講求し言論を亢張して国民の知見を開拓するより急務はない。

志士仁人たる者身を賭して国家のために計画せんとするときは、まず理論を亢張して人民の知見を開拓すべきだ。然る後に、文芸の美と功業の富を興すことができる。

人あるいは謂うかもしれない、道理の講求は往々にして実務を軽視する欠点を生むと。そうではない。天下万物で一つも道理を包含しないものはない。国家を経営し人民の福利を企図する場合も、一々道理を推究せずに漫然とことを始め、かえって道理を追求する他人を実務に暗い無能と見なしがちだが、道理を明らかにせずに何が実務の成果か。政術上の道理もまたしかり、一々条目を分別して仔細に推敲を加えずには、徒に浮偽の弊に陥ることが避けられない。ここに我党一新報を興して、およそ国家の大計に関係する事項は一々その道理を探索して、以て広く世の有志とともにこれを講習したい。いわく、国会、憲法、内閣、諸省、財政、法律、軍政、教育、地方制度である。そして、これらを論じる場合も、我党はまず自由と平等の二大義を論及すべきである。かくして国家の経営と福利の増進の大義をも建立することができるのだ。（自由新聞一号、明治一五年六月二五日、全集14、九〇頁）

以上二紙いずれにも、民権自由の元祖中江兆民の姿が鮮明に表明されているが、一読して二つの論説では力点に明かな移動がある。まず東洋自由新聞では、何よりも「自由権の亢張」とその啓蒙がうたわれている。「憲法未だ立たず国会未だ設けざるの人民は民に非ざるなり、一群の禽鹿のみ。人に非ざるなり。一塊の血肉のみ。吾儕《ごせい》（われら）人民唯当に速に真の民と為り真の人と為ることを図る可きのみ。是を之れ思はずして徒に時事を論ぜんと欲する者は、木に縁りて魚を求めるなり」（明治一四年四月三日）。

これに比べるなら、後者自由新聞で強調するのは、自由権亢張のための理論（道理）の必要である。自由の人士はすべからず自由の理論を啓蒙しなければならない。国家を経営し人民の福利を向上させる際も、漫然とことを始めるのであってはならない。兆民の強調するこの理論の一端を後にその国会論と道徳論とに見ることになるだろう。

ただ、私が今二つの自由新聞創刊の辞を引いたのは、両紙での兆民の論点の違いを際立たすためではない。逆に、両者に共通する政論家の姿勢に注意を向けたいのである。現今の政治情勢にたいする立ち位置のことだ。

民権運動に遅刻して

まず、最初の東洋自由新聞、これは自由党結成の動きの中でその機関紙として構想されたものだが、この時期には党結成には至らず新聞発行も合意は得られなかった。これにたいして、この間愛国社とも九州共愛会グループとも距離を取っていた山際七司らが主導して、この新聞を先発させたのだという。西園寺公望を社長に、兆民を主筆に迎えて始められた。兆民にまだ著作はない。ただ仏学塾が繁盛しており、この私塾での教育を通じてすでに民権派知識人として名が売れてきていたのだろう。破格の処遇で主筆に迎えられたのだという。新聞は明治一四年三月一八日から同年四月三〇日まで、三四号を以て終わっている。

ことわるまでもなく、明治一四年の政変（一〇月）直前の時期、自由民権運動の頂点というべき国会期成同盟第二回大会が終わって幾ばくもない。そして、この延長上に同盟第三回大会が予定されていた時期に当たる。ここに至るまで、国会請願運動の形をとった「結社の乱」があった。その全国連合が試みられ、同時に、紛糾とも言うべき結社間の内部対立を露呈して終わる。明治の自由民権運動といえばまずはこの結社の乱と国会期成同盟こそがその内実をなすのであって、すでに前章までにその有様を追ってきたところである。

ところがである。東洋自由新聞での兆民の言論には、見事なほどに国会請願運動の高揚と連合にたいする言及がない。ほのめかしてすらいないのである。集会条例を以てこれを弾圧せんとする時の藩閥政府にたいする批判もない。自由の権の亢張、加えてフランス革命の教訓など英仏の歴史を引くばかりだ。

たしかに、運動の矯激を嫌悪するのは兆民の時勢にたいする評論の初期からの傾向である。「今の論者皆曰く、民権民権、と」。だが、西土の今日の繁栄は皆民権の致すところだと勘違いしているが、順序は逆なのだ。すでに明治一一年に、兆民は漢学塾の雑誌にこう書いている（「民権論」、全集11，六頁）。一四年になってもまだこんな風に警告している。「凡そ古今人民の能く大業を創建せし所以の者は、詭激の言を騰ぐるに在らずして精密の論を立てしにあり」。今や巷間、暴抗の士たちは公衆のなかで臂を攘げ口角泡を飛ばして、激烈な議論を吹っかけて聞く者に一時の快を与えているが、冷静に見ればただの竜頭蛇尾に過ぎない（東洋自由新聞、三月二三日）。

兆民がこんな風に書くのはたんに紙上の文筆家の通例というのではあるまい。士族の末端に生まれて仏国に渡りカルチャーショックを受けたが、道義の上では西欧かぶれに転向はしなかった。フランス革命の（そしておそらくパリコミューンの）禍根を現地に見聞した。加えて、結社の乱のごとき乱脈やアナーキーは兆民の本来好むところではなかったのである。そして、何よりも理学（哲学）を中心にフランスで学んだ本人の関心の赴くところだったのであろう。民権運動との疎隔は本人も承知している。「吾輩の事を論ずる、辞気諄々として老人の談話に類する有り」（東洋自由新聞、全集14、六頁）。政治の現場を論評しないことは、当時の兆民の見識であったのだろう。

けれども、要は、自由民権運動の本番に政論家兆民は遅刻したのである。運動渦中にあった者たちが聞けば、空疎な自由のアジテーションであったかもしれない。とはいえ、当時の評判には、兆民は従来の民権論者と違って事実でなくルソーの法理論を論拠にしており、「一時壮年血気の士を喜ばしむる」とも報じられている（明治文化全集9、正史篇上、三六〇頁）。

次いで自由新聞である。明治一四年の政変の直後に自由党が結成され、これはその機関紙として発行された。板垣退助が社長、兆民は党外から社説掛として参加したようである。ただし自由党結成に際して民権派は分裂しており、党を挙げての新聞発刊とはいかなかったようである。社説主筆は馬場辰猪であったが、馬場は板垣の外遊を激しく非難して追放されている。創刊は明治一五年六月二五日で、兆民が関与するのは同年一〇月ころまでと短期間であった。まさしく、明治一四年の政変が突発して、大隈重信と後の改進党系の官吏らが政府から駆逐され、福沢諭吉派の運動も自滅する。同時に、国会開設の勅諭が発せられて、民権結社の運動は藩閥政府に舞台を奪われてしまう。自由民権運動はここに消滅、あるいは長い低迷期に入るのである。要するにこんな大事件があった後の自由党結成であり、自由新聞の発刊である。それなのにここでもまた、兆民が事態に触れて書くことはまったくない。どういう神経かといぶかしくもなろうというものである。兆民は自由党に加入していないし、これまでも民権結社の運動に関与することがなかった。理論と実践の、その実践にはタッチしていないのである。それでいて、我党から、自由民権の理論をアジテーションして止めない。おそらくこの理論（道理）の強調という点に、政変までの民権運動の顚末にたいする兆民の応答があったのであろう。理論の重視はここでは抽象的に響くけれども、二、三のテーマでこの章の後半で具体的に紹介できるだろう。

しかし思えば、明治維新の廃藩置県からまだ十年余り、我が日本国人民に自由を呼びかけても欧米諸国の開化との隔たりは絶望的に遠い。日本の人民、これは自由民権運動にとっても不可避の与件であり、同時に厳然たる運動の制約として存在している。一群の禽獣、一塊の血肉たる人民の存在のことだが、今はそのことではない。兆民たちの広報は新聞であり、我党のターゲットは時の政治結社の人士であって、声が直接に国民大衆に届くことなどありえない。それをしも、自由の権とその道理を説いて国民の蒙を啓くのだと構えて筆を使う。今は理論の中身を問わないとして、この立ち位置は文明開化の知識人一般と何が違うのか。だが、兆民は自由民権派である。いうなれば、かの「理論と実践」という問題の泥濘に兆民は足を突っ込もうとしており、その厄介と不快に自身まだ気付いている気配はない。生涯のその後には、この撞着がいつまでもついて回ることになるだろう。

さてこんなわけで、自由民権運動の「政治文書」として兆民の言論を読もうという私の目論見は、まずはあっさりと裏切られる。後に明治二〇年以降、兆民は実際の運動（大同団結運動）にかかり切るようになるが、民権運動の本番はまさに一四年までの国会請願運動にあったのであり、兆民は自らの意志でこの本番に乗り遅れたのである。以降の兆民の政論はもっぱら混迷期の運動を与件とせざるをえない。政論家としては不運な選択であった。

我自由党諸君に告ぐ

ここではいい機会だから、兆民の政論の煽動ぶりを聴いておきたい。政変後の自由新聞から以下引用する。

我自由党諸君、諸君らは風雨に耐えて今日の勢力を達成するに至り、今や、秋津洲《あきつしま》の津々浦々まで、自由を貴び権利を重んずべきことを知らない者はいない。もとより自然のしからしむところではあるが、そもそも諸君が身命を惜しまず東奔西走して、胸を張り大口をあけ腕を扼し足を躍らせて、理論を主張してきたことが貢献して少なからずと言うべきである。だが、我亜細亜人類がいまだ自由の権、平等の議を把握できないでいるのは、天の罪にあらず、吾等の罪なのだ。そもそも愛国社を東京に創立し浪華に中興し、一変して国会期成同盟会となり、再変して自由党となった今日に至るまで、自由平等の四文字を口にして止まざる所以は、ほかならずこの秋津洲の人類をして欧米の民同様に福祉を享受させるためであった。吾等が諸君と相許して生死を共にせんと欲するのも、他でもない自由平等の四字のためのみ。

聖意すでに下って、明治二三年を以て国会を創設すると天下に布告されるに至った。だが、「福は寝て待つ」ではだめなのだ。英仏諸国の歴史を顧みても、自由平等は進んでこれを勝ち取らなくてはならない。しからば、吾等は諸君とともに、今日からは自由平等の貴さを知るだけでなく、まさにこれを摑み取らねばならない。

おおよそ天下のことは理論に始り実行に終わらざるはない。自由党諸君が今日まで意を注いできたのは、理論を振り回して人々に認知させることにあった。だが、諸君が今日より努めるべきは理論の実行にある。法律を、経済を喋々と談じて仔細を争い、徒に口舌筆端に頼むことは、明治十五年以前の世界のことなのだ。故に吾自由党の沿革を顧みるに、愛国社の昔より自由党の今日に至るまでは理論の範囲内に遊泳してきたのだが、今日以降はまさに実行の田地に活発に運動して、その希望を達することを求めるべきである。この点に思い至らず依然として理論の議論にかまけて変わること知らなければ、今日より百年を経ても欧米人類と肩を並べることができるなどと、我ら決して明言することはできないことだ。

我党だけのことではない。我が敵帝政党の昨今を見よ。板垣退助が岐阜で匕首に倒れたではないか。これはまさに帝政党が法律の域を脱して手腕の堺に進んでいる証左なのだ。とはいえ、帝政党のごときは理論は曖昧模糊で道義を正さず、故に実行の段に至っても暗闇で匕首棍棒を振るうことしかできていない。これと違って我等と諸君の拠る所は真理であり、守るべきは道義のだ。我等が諸君に求めるところ大略以上のごとしである。性情の一致、意気、理論、道義あい適い、時機を察して棘を払い巨岩を倒して進撃し、実行の実を天下後世に示すことだ。亜細亜州中に日本の民有りと天下に知らしめようではないか。ああ、あに愉快ならずや、あに愉快ならずや。（自由新聞、明治一五年一〇月一日、全集14、一四五頁）

理念的な煽動文書の型を踏んでいる。だが、運動渦中にあり先の期成同盟大会で激しい議論を戦わせた者たちにとっては、少々肩透かしの空疎なアジテーションに響いたかもしれない。それでいて記事の後半、今度は理論から実践への力点の転換が民権運動家相手に訴えられているように見える。この意味でも注目していい記事なのだが、理論の実行なるものが具体的に何なのか、指針はない。兆民自身がこれまではもっぱら理論の強調に終始してきたのである。実行へと、自由党の態度変更の要請に止まっている。それともこの時点を契機にして、自身の言論の立ち位置を転換していくのだろうか。民権運動挫折と自由党結党以降の方針提起、この意味での政治文書が書かれることになるだろうか。

しかし実のところ、この年の一〇月以降明治二〇年まで、兆民は逆に自らの理論を固めることに専念するようになる。新聞雑誌での登場は一斉に姿を消し、代わって生涯の翻訳書と自著のほとんどが集中的に出版される。何よりも、かの『民約訳解』が世に出始める（明治一五、六年）。政理叢談（一五年）、非開化論・維氏美学（一六年）、理学沿革史・理学鈎玄・仏和辞林・革命前法朗西二世紀事が一九年、三酔人経綸問答・国会の目さましが翌二〇年のことである。

そのうえで、明治二〇年以降の活発な言論再開にこれがどう生かされていくだろうか。

政治文書としての中江兆民

ところで、遅ればせながらここで、お断りをいくつか入れておきたい。私は以上で兆民の新聞雑誌記事を引用してきたが、長いものでは多くの場合、まずはカタカナを平仮名に直して全体を現代口語風に改めている。その上、兆民の文章はむつかしい漢語が多いが、これも類似のわかりやすい文言に置き換えている。兆民の文体の妙が失われる難があろうと思うが、紙上の文筆家の政治文書というスタイルでこれを読みたいというのが私の趣向である。また、繰り返しが多いのも政論の特徴であり、引用では適宜省いているが断らない。明治の一民権家の目で兆民の記事を読みたいのである。

もう一つ、新聞記事だから無著名のものが大部分なのだが、全集の編集者たちが一定の基準でこれを兆民自筆と認定したものをそのまま使わせてもらっている。署名記事が全集第11巻、無署名で兆民筆とされたものが全集14と15に収録されている。新聞、まして政党機関紙となれば、同じ紙面の他の記事と比較したうえで、兆民が他の記者に譲った論点をも考慮に入れるべきだろうが、これは私の手に余る。例えば、自由党の綱領や主張は機関紙全体、それに『自由党史』を勘案すべきは当然だが、敢てその内で兆民だけを取り出して論評の対象にするということである。兆民の著作はすべて全集（岩波書店）からであり、評伝は多くは松永昌三（岩波現代文庫、二〇一五年）によっている。

ところで今私は、紙上の中江篤介（兆民）を政治文書として読むと、いささか偏った意向を述べたが、ここで政治文書とは何のことか。まずは訴え、アピールである。いささか広い意味で煽動文書とする。訴える先は不特定多数であり、あるいは特定の集団や運動体にたいしてであり、ひるがえって文書の主体も個人ではない。個人の署名があっても本人が特定の政治体に所属している。そうでなくとも筆者の背後には、味方たる勢力がありその息吹に背を押されるようにして言葉が発せられている。同じ息吹同じ言葉を仮想の相手たちに吹き込もうとする。

そして今、時空を隔てて私がこれら政治文書を読むとする。このことを通じて、時の政治勢力の配置と政治状況を伺うことができる。これは同時にアピールする本人の立ち位置を政治状況の渦中に読むことに他ならない。政治文書とは自伝でも評伝でもない、理論でもない。事実としての歴史でもない。私はかような政治文書として、パウロの残した文書、レーニン全集、はては法華経までも読めるのだと思ってきた。その方法上の吟味をかつて『政治の現象学あるいはアジテーターの遍歴史』で試みたのだと思っている。要するところ、政治文書としての中江兆民がその全集全一七巻のうちにいる。

政治思想としての国会論

さてここでもう一度、東洋自由新聞と自由新聞の兆民に立ち戻りたい。両紙における兆民の言論が自由の権の亢張であり、これを何よりも理論・原則として啓蒙する。では、ここで自由権の理論とは何であったか。すでに触れたように両新聞の合間に明治一四年の政変が突発しているのだが、文筆家としての兆民の姿勢に変化は見られない。とはいえ、両時期に共通する理論としてここで見ておくべき論点がいくつかある。国会論と党派論そして道義道徳論である。まず国会論、その名も「国会問答」という記事を追ってみよう（東洋自由新聞、明治一四年四月）。

国会といえばもとより、国会期成同盟の運動がまさに頂点を迎えたばかりである。ことに愛国社系の運動ではその国会論が政治思想の中軸を占めていたことを、前章までに詳述したところである。愛国社の国会論がルソーそして兆民と密接に関係しているらしいこともうかがえた。そのため、以降何回か繰り返される兆民の国会論議には、特別な注意をしていきたいと思う。

兆民の「国会問答」は進取子と自重子との対話形式で進められていくが、まずは進取子が情勢をまとめている。「我が国では古来王のもとに宰相百僚が政治の生殺与奪の権を行使してきた。民に諮ることもなくむろん国会などは見たこともない。それが今や西方諸国が殷賑を極めて我が国にも進出して来るに及んで、我が民も発奮して、かの諸国の勢いの源が自由権と国会にあることを知るに至っている。そこで有志は口をそろえて自由権を論じ国会を願望し、同志を集めて党をなしそれぞれが社とか会とか称して、その数数うべからざるの勢いだ。だが、聖明なる天子と賢能なる宰相とはいえ、この両三年のうちに国会開設を許可するかどうかおぼつかない。とすれば、将来の民選議員なる者いかにすべきだろうか」。

これにたいして、自重子は国会時期尚早論である。「維新の大業以来まだ十有余年にすぎない。人民の知識も英仏に到底及ぶところではない。それゆえ、まずは宰相群臣相議して憲法を作り、これにより議員たちが思慮を誤って国体を毀損することを防がねばならない。そこで、不肖私が万が一議員に当選するとして、国会でも租税の件以外には政治にくちばしを入れないこととする」。

見られるとおり、近く国会開設が実現されるのではと、噂がすでに広く取りざたされている時期である。国会開設の勅許はこの年の一〇月、わずか半年後のことである。こうした状況の下、以降対話はもっぱら進取子がまくし立てていくことになる。まずは総論、「国会とは読んで字のごとく国民すべての集会だが、やむなく代議士（代員）を選んで議院に遣わすのである。一方、宰相百僚とは代員が選授して天子を助けて政治を行わせる者たちである。すなわち民が主君であり宰相百僚は臣下（臣肆）なのだ。主君たる代員が会するのに何で臣肆にお伺いなどするのか。そもそも国なるものは誰の有か、民の有ではないか。だから民の民たるゆえん、民が自ら憲法を作ることができるのであり、一人民の自主自由の大権なのだ。故に、代員たちが選ばれて都下に会するとき、従前からの官吏とその事業はことごとく仮のものと見なして、憲法から法律、宰相百僚の人事に及ぶまでこれを尽く改めることもできるのである。その議の及ぶところ租賦の件ばかりなどとはとんでもない」。

これを聞くや、自重子はたまらずに叫ぶ、「何ぞ激なるや」「君は一狂妄婁騒（ルソー）の論に迷惑し吾等の生れし所の邦の何たるかを忘れたり」。我国は開闢以来天子の邦であって、天子の位は祖宗に承授する所であって、性を易え命を革めることなどないのだ。

「国会問答」は前後四回にわたって連載されるのだが、この段階で気付かされることがある。兆民の国会論が、直後に政変とともに勅許される国会とは論拠のベクトルが逆だということである。本来、国会とは国民すべての集会だ。それがやむなく代議士を選んで国会を作るのである。議員は国会に参集して憲法を作る、あるいは従前の憲法を変えることができる。憲法体制を変更できる。さらに、自ら宰相百僚を選んで天子を助け政治を行う。つまり、全国民の集会→人民代表の国会結集→憲法→内閣・官僚・法律・予算の決定という論の立て方である。いつも論の順番がこうなる。これが下賜国会、欽定憲法とは逆向きなのは明らかである。だがそんなことは、主権在民の議会制民主主義として当たり前の考えではないか。今ならそう判断してしまうかもしれない。

それに、「何たるルソー狂いだ」と自重子が反発している。政府とは天を同じうせず、国会「全国人民の大集会」として自由にこれを設けるのだという、かの愛国社の政治思想と、これは明らかに響き合っている。政府は国民の臣下であり議員はこれを自由に改めることができる、この主張も同断である。「狂妄夢騒」が兆民と愛国社の政治思想を仲介していることが見て取れるだろう。憲法に就いても同様であり、民は自ら憲法を作りまたこれを改めることができる。憲法という言葉はむろんこの時期の兆民にもしばしば現れるが、その中身に立ち入ることはなく国会論に付随した単語として並べられている。後に自身が国会議員に選出されたときに固執した「憲法点閲」、つまり欽定憲法の改正につながる考え方である。そして、天皇は聖天子として国会を見守り、憲法は天子の光の下に制定あるいは改定されるものとされる。自由民権運動の用語では以上が「君民同治」である。

もっとも、民選議員が内閣を選びあるいはこれを更迭できるとするのは、福沢諭吉の議院内閣制とも両立できる主張であるかもしれない。兆民による福沢批判はない。だが、その背景をなす政治思想はやはり英国モデルでなくルソーなのだと、この段階で注意しておきたい。

議院内閣制、天皇機関説

さて、議論を急かせずにもう少し進取子の議論を聞こう。自重子はここで国会なるものが英仏にもたらした惨禍を持ち出して、わが国ではあくまで天子と宰相百僚とが憲法を造定して議員にこれを授け、議員たちは宜しくこれを敬戴崇奉するのだと主張する。だが、国会の歴史となればこれはもう進取子のお得意の分野である。フランスの例を見よと、まくし立てて止まない。たしかに革命の乱は最後にフランスに禍をもたらしたが、これとて国王側の罪によるのであって「国会の罪に非ざるなり」と。これを聞いて思い出すのだが、兆民の「フランス革命前史」の末尾の一節である。「一千七百八十九年諸郡の代議士相将《ひき》いてヴェルサイユに来集し、五月二日王路易《ルイ》に謁見し、越へて五日始て開会せり」(『革命前法朗西二世紀事』、明治一九年、全集8、一七三頁)。兆民にとって、これが来るべき国会開会のイメージであったろう。そして裏切られる。

ちなみに、この対論の最後に、はるか後の天皇機関説論争の雛型が登場していて面白い。進取子が口を滑らして言う。そもそも憲法とは、人民が相集まって一邦をなし、条約を立て福祉の基を固める、そのことなのだ。たとえて言えば、商売人たちが会社を設立しようとして約款を定め人事規則を作り、これを全社員に遵守させる。「邦国は一大会社なり、王侯宰相は……」と進取子が続けようとするが、自重子憤然色を変えてこれを遮って叫ぶ。我邦を以て一会社に比べるとは何たることか。まさにルソー狂いの妄言だ。我天子の位を一社長に、天子の選抜された宰相百司を一幹事に例えることなどできることか。

さすがの進取子もこれにはおたおたして、最後にまた原則論にかえってこの争論を終える。「天下のことには皆正則と変則の別があるのだ。まずは正則の理を究めることがなければ変則の利点を理解することもできない。吾は、邦国の正則を論じているのだ」と。しかしそれにしても、天皇を会社法人の社長になぞらえるのは後に美濃部達吉博士に非難攻撃が集中する話だが、天皇機関説の淵源が中江兆民にあったかもしれない。それればかりか、広言できるはずのないことだったが、君民同治におけ る君主とは象徴天皇論のはしりであったかもしれない。これも人民主権と国会の偏重からの帰結だったのだ。ただし、「革命の大首領」（北一輝）ではないにしても、明治天皇は立憲君主としてこの時期から内閣への関与をむしろ積極的にするようになっている。

ところで、以上に何度か出てくるルソーのことだ。先のフランス革命前史の末尾にもこうある。革命前夜の国会参集に至ってルソーの旨趣が大きな影響力をふるった。その猛火の及ぶところついにルイ一六世と群臣を断頭台に殺戮し、血は首都に溢れて州郡に及び、さらに全欧州に氾濫するに至る。かくて新世紀一九世紀が始まるのだと。とはいえ、次の章に詳述するがルソーの社会契約論には国会論そのものはない。ただ人民の代表として選挙する代議士のことが、人民の使用人だとして無前提に登場するだけであり、あとは独特の政府論である。人民の契約政治体（国家）にとって政府は外部の機関であり、主権者国民の委任あるいは雇い入れの機関にすぎない。つまりは、随意に制限し変更し、また取り戻すことができる有司の集団、つまりは宰相百僚にすぎない。ここでも、人民の集会と代議士の選任という人民権力を出発点とする発想が貫かれており、兆民の国会論をルソーの民約論のもとに把握することができよう。社会契約論がただの民主主義の原典でなく、いや直接民主主義の高唱ですらなく、それを溢れ出る過剰なものであるように、兆民の国会論もただに主権在民の制度論ではない。国会論を兆民の政治思想だという所以である。

私は政治思想と言う。政治理論でも政治哲学のことでもない。ひとが政治の変動と切り結ぼうとして発する言論を政治文書と呼ぶとして、この文書から読み取ることできること、読み取るべきことを名指そうとしている。理論的あるいは綱領的立場の表明でも、価値観の提示でもない。いや、そうした意見の表明を通じて跳梁して、無意識にも本人の筆を動かしている何かしら抽象的な、カテゴリーとでも呼ぶべき力が感じ取れる。これを私は政治的なものの概念の跳梁と呼んできた。本人が政治家であるか、集団の代弁人なのか、評論家個人なのかを問わない。政治の言論が我知らず析出することになるカテゴリー的なもの、それが何よりも政治的であるということを印象付け、読む者に押し付けてくる。今回私が兆民の国会論に感じ取るのもこの意味で彼の政治思想の中軸をなす。政治の発言からいつも読み取れるとは限らないし、むしろこれはまれな事例だというべきであろう。例えばまた革命渦中の言論をレーニン全集に読む。兆民全集に私が読もうとするのも同じことなのである。

政治党派と党派闘争

さて、次いで自由新聞である。前年の政変は政府に激震をあたえたばかりでなく、従来の自由民権結社の運動に断末を画することになる。運動の激化諸事件が後を引き取り、明治一五年の福島事件から一七年の秩父事件を引き起こす。自由党は結成されたが同時に立憲改進党が分立して、この対立は明治憲法体制の下で長く禍根を引きずることになるだろう。それに何よりも、国会開設の勅諭が下された。すでに先の章で読んだ通りである。以降、国会開設に至るまで事態はこの詔勅の線に沿って展開していく。

さてそこで政変後の兆民だが、翌年に短期間、自由新聞での言論活動が展開された。このうち「自由党員に告ぐ」と題した文書についてはすでに紹介した。『政理叢談』(明治一五年二月〜一六年一二月)は西洋の政治法律倫理を紹介する仏学塾の雑誌だが、民約訳解もここで連載される。その刊行の辞(二月)も相変わらず人民自由の権を強調している。「欧米諸国の隆盛たる所以は民がよく自由の権を貴尚しこれを亢張するゆえだ。その最重要点は国会を設立し議政の権を勝ち取ること、これのみである。そのためには議員たる者必ず学術と時務に精通せねばならない。すでに朝廷が国会創立の詔を下している。これに奉答して議員の重責に耐えるべく、ここに議論政理に有益な欧米諸国の書を訳述して提供する」。国会開設と議員の勉強のためと、焦点を絞っている。

ただし、これまた間接的なものだが、政変以降の情勢を念頭に置いた論説も見いだせる。その一つに、珍しく兆民は政治党派のことを論じている(「政党の論」、全集14、九六頁)。政党には「自然の党派」と「私意の党派」とがある。自然の党派は国家の利益に大いに寄与し文物の進歩にも欠かせないものだが、これに反して私意の党派はその害極めて大にして国内に党派闘争を引き起こしては滅亡していく。政治にあっては国家であれ国会であれ、政治家は自ら抱く真理を言論に表して他人の同意を求めて、ここに党派が起こる。共和党は共和をもって真理となす。立君党、社会党、さらに虚無党であれ、それぞれ皆その目的をもって真理と主張する。畢竟するにこれらは人性自然の理に発するものだ。スチュアート・ミルも言っている、「真理は衆説相抵激するの間より発す」と。どの説にも一片の真理があるのだから、討論し琢磨するのでなければ完全な真理は求められない。実際、人は自ら信じる真理を必ず他人に提起し、その同意を求めて一党を立てる。「苟も一党を構立するときは必ず他党と相抵敵して以て己の説の勝つことを求む、これ吾人のやむを得ざる所なり」。これを自然の党派という。政党の党派闘争と離合集散は当然のことである。自然の党派は邦国にも不可欠である。だが、私意の党派はいけない。私欲を逞しくして、官府の意を受けて動き同時にその庇護を請う。あるいは世論の鼻息を伺うだけ真理など初めから問うところでない。私意の党派の害は甚大である。

実のところ、この党派と党派闘争の問題は、避けがたい難題としてこれからずっと兆民の活動について回るであろう。藩閥政府と民権結社の対決、それぞれの内部での対立と分裂抗争が、政変で頂点を迎えている。国会期成同盟における結社の分裂が経験されたばかりである。今後とて、兆民が実際に関わるのは他ならぬ「大同団結」運動なのである。上述の論説を読めば、兆民もまた党派闘争こそが政党の本性であり、集団の論争を経たものでなければ政治の真理はないと見なしているようだ。これは重大な見解というべきだ。

しかし兆民にとっては、これはあくまで「自然の党派」の争いであり、政治の「やむを得ない」現実だと指摘するにとどめている。現実を見たうえでの兆民の政党論であろうが、それにしてはここでも現下の党派争いを具体的に論評し、これに筆を突っ込んではいない。私意の党派を言うところの自然の党派から分かつ基準はありうるのか。私意の党と言っても他党派を排除する際のレッテル張りに過ぎない。自然と私意の定めがたさこそが、政治党派の宿痾をなすのではないのか。それにルソーとの関連である。党派争いとか結社が大嫌いだと漏らしているルソーその人であり、ルソーの構想する政治集団には分裂抗争はありえないし、あってはならないのである。政治における党とは、真理とは何か、兆民にとってもこの問題は後を引く。国会論と共にここ党派についても、後に情勢の新しい展開を背景にして、兆民は再三蒸し返すことになるであろう。

専制政府に抗して

次は、自由民権諸党派の宿敵となる藩閥政府、その有司専制への言及である。人が集団を成せばそこにおのずと気習（気風、風俗）が生まれる。これは時に恐るべき働きをするが、その最たるものが官局（有司官僚）の気風である。兆民はその程度の低さを縷々指弾し、宰相百僚に至るまで上下この気風に染まっているとする。彼らは青い物を見ても赤いと言う。とりわけ人民の迷惑は計り知れない。彼らは人民を抑圧するに利用できることは断じてこれを行い、その道義を問うことはない。その苦境に甘んずるにも限度があり、ロシアのように人民が乱をなすとしても人情の免れざるところと言わねばならない。だが幸いなことに、亜細亜数千年来夢にも見なかったことがこの日本で起きている。我が朝廷が大号令を発して国会、憲法、自由の権、平等の義を許し給うたことだ。しかしなお足りないものがある、結社集会印刷の権である。他ならぬ官家がこれを妨げているのだ。

以上は「官局の気習」（七月一二日）だが、さらに「為政者其れ鑑みる所あれ」（七月二七日）に続く。

危険なるかな、数千の無識の徒が相集まって一団をなし、自ら号して官吏と称し民に臨んで政を発している。天子の威を借り、軍に依拠しあるいは陰計狡謀を用いて、自由権を暴圧している。眼を永遠に注ぎ心を全局に留めることなど夢にも想像しない。危ないかな、これはルイ一五世在位当時の仏国の形勢ではないか。一朝自由の説起こり、国民に行き渡ればどうなることか。為政者たる者、民に臨むに私欲の念を棄てなければ必ず天下後世の笑いものになるだろう。「為政者それ以て鑑みる所有れ」。

実際、歴史を顧みれば、政府の抑圧策から謀反や内乱に至るは時の勢いである。国史においては維新革命の一挙が幕府二百年の覇権を倒した。仏革命の例は言うまでもない。政治は時の勢いと人の情との掛け合わせで決まる。時勢を知らず人情を察せず、目前の経営で足りるとする姑息が叛乱を招くのだ。わが国では幸いに立憲政体の詔が下り、ここに至って初めて人民の希望が満たされようとしている。これをしも叛乱を醸成するものと見なして、言論出版集会結社の自由に厳罰を下し、新選組を動員し有司再び徳川氏の末路を演じるつもりか。以上は「時事蠡測」からである（蠡《れい》測とは小さい器で大海を測ること）。革命、内乱、叛乱という言葉がこの記事には登場している。

政変以降の政情をいささか推し量ることができる言論を、以上に摘要した。いずれも隔靴掻痒の感をぬぐえない。政情の評価もなく、多方面からの憲法草案の提起に関しても論評はない。政変まで、自由民権運動の頂点における言論（東洋自由新聞）と変わらず、兆民は民権派の機関紙が舞台にもかかわらず政治文書と読めるようなものを書いていない。なぜだったのだろうか。たしかにこの時期、本人は運動の人でも党派の成員でもなかった。自身を文筆家と自覚して情勢と相渉るような言論は禁欲したのか。それとも、自由の権の理論家であって現実の政治や運動とのかかわり方になお定見を持ちえなかったのだろうか。そもそも自由民権運動に何か政治的な見識を持っていたのか。これら諸事情が多少とも兆民の筆を制約していたのであろう。言論を通じて運動や党派に関わること、理論の影響力や政治的意味や党派性とは何か。これは活動家でなくいわゆる「理論家」にとってかなり一般的な問題である。言論は政治文書たりうるか。私はこれ以降も、こうした問題のはしりとして兆民の言論活動を追っていこうと思っている。

ただここでも断っておきたいが、私は理論や思想をその人の姿勢や立ち位置とからめて評価することを嫌ってきた。哲学であれ政治学であれ、理論も思想もそれ自体の論理を以て自立すべきだし、自立した存在として評価に耐えるものでなければならない。私はそう思ってきたが、しかし政治文書という言説はこれとは別だ。自立した理論や思想を現実へ適用し応用する言説が政治文書なのではない。例えば、マルクス主義やその党綱領を革命運動に適用して論じる。そうではない。何であれ革命運動とつばぜり合いを交わしながら言論を吐く、そこにおのずと析出してくる思想がある。政治文書に読み取ることができるこの思想が政治である。そこに右か左か、立場や姿勢の区別はない。これまでの兆民の国会論を一個の政治思想と読みたいというのもこのことだ。立憲民主主義でもなく憲法でもない。人民の集会としての国会が終始焦点にあるからだ。

道徳の東西

ところで、自由新聞まで第一期の兆民の政治思想につき、国会論と党派論のほかにもう一つ、積み残してきたことがあり、これを避けて通ることはできない。政治の道義道徳のことだ。東洋自由新聞創刊号社説が述べる。

自由の説の眼目は二つある。リベルテーモラル（心神、心思の自由）とリベルテーポリチィク（行為の自由）である。（東洋自由新聞、明治一四年三月一八日、全集14、一頁）

ここで二番目のリベルテーポリチィクとは、自分そして他人と共に処する行為の自由であり、一身の自由、思想や言論の自由など、すでに自由の権として兆民の言論に見てきたところである。では、第一のリベルテーモラルとは何か。この言葉は兆民唯一の西洋哲学書『理学鈎玄』（明治一九年）の第二三章に出てくる。心（精神）の働きには感と智と断とがある。ここで断とは感覚や知識に触発されて行為を判断（決断）することである。本能や習慣とは違う。善悪を判断して、行為しあるいは行為しない自由がある。身体的あるいは政治的行為の自由とは異なり、外物に依存することなく判断する心の自由である。これがあるためにこそ道徳の自由がある。ここに行為の決断を導いて善をなし悪を避けることを教えるのが道学（モラル）である。善悪の断は利と不利いかんを問わない。法以前、むしろ法の根源をなす。この意味で政治的自由と区別すべき事柄である。後に社会契約論において、ルソーがこれを「道徳的自由」と呼ぶことになる。

そしてここから兆民は飛躍するのだが、東洋では、古人のいわゆる義と道における「浩然の一気」がすなわちこれである。リベルテーモラルとカタカナ表記したとしても、西洋の自由のモラルとともに、これには漢学（儒教）における道徳説が採用されているのである。以下、その説明はむつかしい漢字交じりで往生するが、兆民の文章をそのままかみ砕いて写せば次のようになろうか。浩然の一気とはすなわち、省みて疚しからず真っすぐで正しい心の在り方である。天地を仰いで恥じることなく、外にたいしては政府教門の束縛を受けず、内には五欲六悪が妨害することはない。活発々と展開しておよその奔走できるところは奔走し、いよいよ進んで少しもかき乱されることのない気概である。この心思の自由は自分の本有の根基であるがゆえに、第二のリベルテーポリチィクをはじめとしてその他百般の自由は皆これに由来して、およそ人生の行為、福祉、学芸は皆これより出る。想うに、まさに最も心に留め涵養すべき心神の自由として、これ以上のものはない。

このように見れば、兆民が抱く心思の自由とは、西洋流のモラルであると同時に伝統的な道義観念である。両者は相通じる観念として押し出されている。後者は維新を挟んで成長した兆民の身についた旧来の道徳観でもあったろうが、その後、西洋の学問の習得によって放擲されるようなものではなかった。むしろ、西洋文明の見聞がこの見方を一層強めたものと思われる。知られているように、フランス帰りの兆民は続いて二年余にわたり漢学塾に学んでいる。仏学塾でも当初から漢籍を教えていたという。

「策論」は帰国後に勤めた元老院権少書記官時代の草稿だが、たぶん明治九年、勝海舟を通じて薩摩の島津久光に献策したものだという（全集1、二一一頁）。その基調は洋行帰りの若い官吏による開明的献策八箇条といったものである。要約すれば、1、妻妾同室は天理に反するので廃止する。2、年功序列によらず官吏の人材を登用する。3、英仏の勝る技術と理論（法律経済）をわが国でも取り入れる。4、輸出の増加を図る。5、貨物（工業製品）を開発すべく外国人技術者を招く。6、国の財産を取る国盗が横行している、速やかに除去して徒費をなくす。7、軍事ならびに智謀の英傑によって憲政を立て、以上の策を実現させること。

兆民の献策は欧化基調のものだが、そのことではない。兆民は献策3で同時に東洋道徳の必要を強調していることである。なるほど英仏は技術と理論でわが国に勝っているが、同時に宗教道徳を盛んにして軽佻浮薄の風を防止しようとしている。ところが現今のわが国は反対だ。誰もが欧化に狂奔して教伝の学が絶滅しつつあり、仁義忠信など廃棄に等しい。「ああ、何ぞ思わざるの甚だし」と兆民は嘆息して、道徳の点で彼我に優劣はないのであって、公私の学校では技術と理論のほかに西洋の「道学」と漢土の「経伝」をともに学習させるべきだとしている。

以上のように、リベルテーモラルを主として専ら東洋の道学から兆民が説得するのを聞いてきた。私の手に余る領域である。これは独り言だが、小生の名前「浩」は孟子の「浩然の気」にちなんだものだと親から聞かされてきた。のんびり伸び伸びといった意味だろうと受け取ってきたが、今になって辞書を引けば、「何ものにも屈しない道徳的勇気」のことだとある（！）。

政治倫理の方へ

洋行すれば誰しもが感じるモラルの衝突であるが、兆民は終生このギャップにこだわり、政治的言論にあっても「道義」を強調し続けていくだろう。では、洋行して兆民が直面した西洋のモラルとは何であったのだろうか。兆民はルソーの『学問芸術論』（一七五〇年）を「非開化論」として翻訳しているが、そこにルソーの言としてこんな箇所がある。「欧州の人情風俗を観察せんと、遠方から万里の波濤を越えて仏蘭西に来た人がいるとする。彼は我が文芸と技術の盛んなさまを見て、未だ深く考え及ばず感嘆して言うだろう。老若貴賤を問わずこの国の人びとの風俗はなんと良善なるかなと。とんでもない、文芸学術の文明開化ますます進捗して、まさにこのために我が風俗の壊敗を招いているのだ」（全集1、二一六頁）。フランスの地でルソーのこの一文を目にした青年中江篤介の姿が目に見えるようだ。

ルソーが今吐き捨てるように指摘する「風俗の壊敗」とは何であったろうか。ベンサム流儀の功利主義の道徳であったに違いない。人は地上の快楽を求めて苦痛を避けるように行動する。ここに行動の自由がある。この経験的事実の上で、快をもたらすものを善、苦をもたらすものを悪と見なすのである。利を以て善となす。事実から当為を直接に導く道徳である。そして実際、帰国して見ればわが国でも、開化熱と共に自由が謳歌され、おのれの為さんと欲するところを為し、他者の干渉を排することが自由だと主張されている。他ならぬ民権運動においても、兆民は同じ事態に直面することになる。あたかも封建制そして藩閥政府の拘束から天賦の自由を解放することが、自由権であるかに謳われているのである。社会契約という介在を抜きにした「天然の自由」である。自由民権運動からの兆民の距離の取り方には、この違和が付きまとい続けたように思われる。

こうして、政治の場面においても兆民が固執したのが心の自由、リベルテーモラルであった。善を為さんと欲すれば善を為し、悪を為さんとすれば悪をなすことのできる自由である。功利主義が快楽（幸福）を追求する人間自然の性向、そこに働く合理的打算をすなわち善と是認したのにたいして、善を選び取る道徳的自由こそが兆民の義である。そして、道義に合するように行動せよ、さすればおのずから利をなす。兆民は家族における父子の関係を例示しているが、孝行は父の利となり、父の慈愛は子の利となる。行いがよろしければその利がないことはない。「父子の情と孝はこれ義なり」。以上を通じて、東洋道徳に引っ張られる形で、兆民の道義の概念が個人道徳に傾いていることが気にかかる。この段階ではまだ政治的共同性の倫理にまで筆は及んでいないようである。本来的な意味で、この道徳には「他者たち」が欠けている。兆民の浩然の一気は、他者（たち）への過度な依存や献身を拒否するものであり、「すべての人々と結びつきながら、しかも自分自身にしか服従せず以前と同じように自由である」という、ルソーの契約共同体における各人の立ち位置に通じる倫理的決意性であろう。

それでは、兆民のこうした道徳観は、自由民権運動を背景とした政治の場面で、どのような帰結をもたらすだろうか。とりわけ、政治結社として登場している政治集団に何を提言しうるか。次章では、兆民と一緒にルソーを読んでいきたいと思う。

さて以上、明治一五年を以て兆民の文筆活動の第一期が終わる。以降二〇年まで、新聞雑誌記事の類の活動はほとんど見られない。代わってこの間に理論的著作が集中している。明治一五年に政理叢談の刊行を始める。一六年に非開化論・維氏美学の翻訳、一九年には理学沿革史・理学鉤玄・仏和辞林・革命前二世紀、次いで二〇年に三酔人経綸問答・平民の目さましと続く。そして、いよいよ民権各派の大同団結運動に介入して、そのかどで明治二〇年一二月の保安条例により東京を追放される。以降大阪の地で東雲新聞の主筆となり初めて本格的文筆活動を再開する。明治二〇年から国会開会の二三年までが兆民の政論活動の第二期をなすであろう。

6 兆民と一緒に読むルソー（一） 民約共同体

泰西政治の淵源へ

中江兆民はルソー『社会契約論』の翻訳、『民約訳解』の訳者「叙」で次のように記している。――近時、泰西の諸国がおのおのその雄を張っている。文物の豊かさ、学術の精妙、兵馬の強さでは、仏・英・日（独）・北米がその最たるものである。そしてその政治はあるいは君主を立て大臣を置き（君主制）、あるいは人民相共に治をつかさどる（共和制）。政治体制は同じではないが、「要するに皆な所謂る国会なるものを置き、民をして誉望ある者を票選して之を薦めしむ。租賦律例、海陸軍政より、以て隣国と往復交接するにいたるまで。一に衆議に由って決を取る」。

このように西方の先進諸国では、君主国であれ共和国であれみな国会を設けたうえで、国民の選挙で選ばれた代表たちが衆議し、内政から軍政、外交に至るまで議決して政治を行っている。わが国では、当時なお議論の最中のこととはいえ、これが兆民にとっても与えられた課題であった。民約訳解が世に出た明治一五年といえば、前年に板垣退助の自由党が結党され、帝国議会の開設が勅諭によって既に約束されていた。

兆民自身がその掉尾に連なった欧米使節団が大挙して、しかも二年近くにわたってかの諸国を「観光」して回ったのが、廃藩置県断行の直後、明治四から六年のことだった。フランス留学生としてかの地で兆民はルソーを読んだのである。いや、すでに維新に先立って、幕末には少なからずの幕臣および諸藩の藩士たちが欧米に派遣されていた。要するところ当時、わが国の人士はかの地の政治と制度について知識を欠いてはいなかったのである。これらの総括として記念碑的な『米欧回覧実記』(久米邦武編)が世に出るのが明治一一年末のことである。その上で、日本国の政治選択が現に迫られていた。ルソーを、そして兆民の政治論を読むとき、見過ごされがちな点であると思う。

それではなぜ、わが日本国でことさらにルソーなのか。「物に本末あり」と兆民は続ける。

泰西の政治の大本を極めなければその末を知ることはできない。泰西諸国が政を立て治を制するにもまた本がある。近時、学士大夫から小民に至るまで、みな風俗を改易し官制を更革することが不可欠だと知り、身を挺し力を出し万死をも顧みず、こうしてかつての柄習を一洗して古今の間に一大亀裂を穿っている。その淵源を訪ねるとき今日では誰よりもルソーを第一に挙げねばならない。なぜなら、その主張が民をして自ら治めさせ、官を抑制することを趣旨としているからだ。泰西制度の淵源を極めることが今日急務であり、ここにルソー民約を訳して世に問わんとする。みだりに異域の習俗をあがめてわが民を誘ろうとするのではない。明治一五年秋九月　中江篤介撰す。

(註)民約訳解は仏学塾の雑誌「政理叢談」誌上に明治一五年から一六年にかけて訳出された。原著四篇のうち第二篇の第六章までの漢文訳である。以下、本論では島田虔次による読み下し文を用いる。

また、明治七年訳出とされる草稿「民約論巻之二」、さらに、兆民訳フイエー『理学沿革史』(明治一九年)第四編第七章の社会契約論の引用を参照した。以上いずれも兆民全集第1巻からであり、その頁数のみを記した。また、社会契約論は桑原武夫・前川貞次郎訳(岩波文庫一九五四年、二〇二三年に九三刷)を用い、引用箇所は第一編第二章八頁を1・2、8のごとく略記した。

矯激の病なきにしもあらず

さて、人も知るように、目標とすべき泰西政治の淵源としてルソーを日本に紹介し、自らの学校(仏学塾)で教えて「東洋のルソー」「今ルソー」の名を頂戴した人こそ、中江兆民であった。とはいえ、兆民にとってもルソーはすでに百年ほど前の人である。しかも民主国スイスの市民であった。ルソー本人が社会契約論第一編の序文で述懐している。

自由な国家の市民として生まれ、しかも主権者の一員として、わたしの発言が公けの政治に、いかにわずかの力しかもちえないにせよ、投票権をもつということだけで、わたしは政治研究の義務を十分課せられるのである。幸いにも、わたしは、もろもろの政府について考えをめぐらすごとに自分の研究のうちに、私の国の政府を愛する新たな理由を常に見出すのだ。

当然のことながら、ルソーのようなこんな幸せは兆民にはない。文明開化こそ、開化の政治の在り方こそ、まさしくこれからの研究と実行の課題である。それも人民主権の確立とこれによる官の抑制だと兆民は受け取っている。この距離感をまずは兆民から感じ取らずにはいられない。この距離感を性急にも埋めるべく沸き起こったのが、先の国会開設請願運動の「結社の乱」であった。同じく、自由と平等の理論を啓発せんとする兆民の言論活動である。前章までに詳述したとおりだ。「吾等が諸君と相許して生死を共にせんと欲するのも、他でもない自由平等の四字のためのみ」。なかでもルソーの政府論は、民権運動、ことに愛国社グループに大きな感化を与えた。これ（原著第三篇）は民約論では省かれているが、当時周知の見解だったのであろう。

兆民のルソーが自由民権運動を鼓舞したことは事実だとして、しかし人民の自由と平等の権を唱道した泰西政治思想は何もルソーだけではなかった。フランスではモンテスキューから百科全書派、英国ではロックそして功利主義への流れがある。社会進化論もあった。これらもまた早くに明治の知識世界に知られており、その代弁者にもこと欠かなかったはずである。そんな中でルソー民約論といえば、何といってもその過激さで際立っており、熱烈な賛同者がいるかと思えば、ルソーにたいする非難の声にも激しいものがあった。兆民自身が「叙」に続く「訳者緒言」で弁解気味に断りを入れている。民約の一書は時の政治を攻撃して余すところなく、以て人民が権を有することを明らかにしている。ただしこの著者、天性強烈、加えて才と豪を誇るゆえに先人の跡に従うことをよしとしない。よって、事を論じるに「矯激の病《へい》」なきにしもあらず、と。

何よりも仏革命の恐怖があった。そもそも本国でのルソーの影響は、直後のフランス革命の際に圧倒的であったという。社会契約論の論旨はパンフレットやまたシャンソンとして流布し、社会契約とか一般意志という言葉は、革命の人びとの日常語となっていた（河野健二、桑原武夫編『ルソー論集』）。

さらに、「立法者」たることを自覚したロベスピエール、マラー、サン＝ジュストらの独裁において、影響は頂点に達した。彼らは「最高存在の祭典」と名付けた国家宗教までを企画した。「自由の専制」（マラー）である。後に兆民自身が『選挙人目ざまし』で評しているが、「仏蘭西国是れ蓋し自由平等の瘋癲病院と謂う可し」。

だいたい、ルソーは先の第一編序文で「自分の研究のうちに、私の国の政府を愛する新たな理由を常に見出す」と書いているが、他ならぬ本書の出版がジュネーブ市会による焚書と本人の迫害をもたらしたのだという。こうした事情のために、兆民もまたルソーが革命の恐怖に結びつけられることを常に危惧して、専制政府の暴圧が革命をもたらしたのだと切り返し、民権確立こそがその暴力への逸脱を防止するのだと付け加えることを忘れなかった。

見え透いた弁明ではなかったであろう。兆民が留学生としてフランスの地を踏んだのが明治五年、パリコミューン（一八七一年）の翌年のことである。まずはリヨンで学ぶ。先に略記したが、帰国後、元老院権少書記官の兆民が勧告している（「策論」、明治八年）。リヨンでは絹織物工場を巡察してその偉観に驚嘆すると同時に、職工たちの争議に注意を喚起している。「篤介昔歳欧地に在て其の工人の情況を察するに、恒に財主と相軋し嘯聚《しょうしゅう》援引之れに抗し以て傭価を増さんと欲すること屢々なり」。それればかりではない。「財産を均ふし所有を廃するの論を主張する者」が、常に工人を扇動してその力としている昨今だ。有名なリヨンの絹織工の暴動（一八三一と三四年）の記憶がまだ生々しかったはずである。兆民は翌年にはパリに移り住む。パリコミューンの傷跡が随所に見られたはずである。そこにルソーの響きが聞こえなかったかどうか。そもそもコミューンという政治体とその政府とが、その後二〇世紀の革命運動に強く感銘を残し続けたことは周知のことだが、その思想的淵源はルソーにある。

ルソーに付きまとう危惧にはもう一つある。君主つまり天皇のことだ。ルソーは当然君主政より共和政（兆民の民主国）を重視するし、そうでなくとも本文中にこだわりもなく「君主」が登場する。その都度これを日本の君主に置き換えて受け取ろうとすれば、差しさわりが生じるだろう。すでに民約第一巻の序にルソーが「益ます吾が邦の制度の他邦に卓越し、尤も崇重す可しと為す所以を知る」と書いたのに、兆民はわざわざ「解」を付け加えている。ルソーはスイスの人であり「瑞西は夙に民主の制に循い、此の書の旨とするところに合する有り」と。つまりは地域限定に注意を促しているのである。しかしこの点は重要なので後に詳述したい。

民約訳解の文体

さて、前置きが長くなったが、ルソーは社会契約論第一編を次の文章から始めている。同じ個所の兆民の民約訳解と並べて見る。

ルソー

私は、人間を有るがままのものとして、また、法律をありうべきものとして、取り上げた場合、市民の世界に、正当で確実な何らかの政治上の法則がありうるかどうか、を調べてみたい。わたしは、正義と有用性が決して分離しないようにするために、権利が許すことと利害が命ずることを、この研究において常に結合するように努めよう。

兆民

政、果して正しきを得べからざるか。義と利、果して合するを得べからざるか。顧うに人ことごとくは君子なること能わず、亦た小人なること能わざれば、則ち官を置き制を設くる、亦た必ず道あり。余もとより斯の道に得ること有らんことを冀う。夫れ然る後、政の民と相い適い義の利と相い合すること、其れ庶幾《ねが》う可なり。(一三六頁)

見られる通り、兆民は原文を分割して敷衍している。一読、両者が同じものとは思えない。これをさらに意訳すればこうなるだろう。「政治は果たして正義に反するものか。正義と利益とは一致しないものか。想うに人間の有りのままの姿は君子でもあり小人でもありうる千差万別だ。だから、雑多な利害対立を前提に政府が法律を設けることは理にかなっているはずだ。私はもとより法律の正義たるを願う。その上で、政治が人民の福利にかない、権利と利害とが合致するように求めるべきである」。こんな風に噛み砕いてみてもまだ易しくはないが、前章の最後に記した義と利の一致(循環)という兆民の政治の在り方が、以下ルソーの課題でもあると受け取っていいであろう。

以下に民約訳解を引用することも多いので、兆民の訳文の文体にもう一つだけこだわっておきたい。

社会契約論第一編(兆民では第一巻)第一章冒頭の有名な書き出しである。

ルソー

人間は自由なものとして生まれた、しかもいたるところで鎖につながれている。自分が他人の主人であると思っているようなものも、実はその人々以上にドレイなのだ。どうしてこの変化が生じたのか？

兆民
昔在《むかし》人初めて生まれるや、皆な趣舎（進退）己《おのれ》に由り、人の処分を仰がず、是れを之れ自由の権と謂う。今や天下ことごとく徽纆《きぼく》（縄のなわ）の困《くるしみ》を免れず、王公大人の属、自からを人上に托するも、詳かに之を察すれば、その覊束《きそく》（束縛）を蒙ること或は庸人《ようじん》（凡人）よりも甚しき者あり。顧《おも》うに自由権は、天の我に与えて自立を得しむる所以なり。しかも今かくの如し。此れ其の故、なんぞや。
（全集第1巻、一三七頁）

人間は生れながらに自由のはず、それが今ではいたるところ奴隷のごとく鎖につながれている。なぜなのだ。眼前の人間の在り方について、ルソーはこう切り込んでいく。くどくなるが、この箇所の兆民訳を現代風に直せば、「人はもと生まれるとともに皆が自分自身に任せて進退し、他人の決定を待つことなどないのであり、これを自由の権という。それが今や天下ことごとく束縛の苦しみを逃れ難い有様である。人の上に立つ王公眷族までが、つぶさに見れば進退束縛を蒙り、平民よりも甚だしいほどである。思うに自由権とは、天が我に与えて自立させる所以のところである。それが今日かくのごとくの有様である。この事態は何故なのだ」。これもまた原著をばらしてかなり敷衍解説しながら追っている。原文に解説を交えるのは第一巻（編）で顕著であり、逆に、ときには無視する原文やパラグラフもある。これに加えて、「解」としてところどころに訳者独自の解説を挟んでいる。例えばいま引用した箇所に続いて、長い「解」を付している。この「解」ではルソーの『不平等起源論』を参照すること、さらに自由には自然状態での「天然の自由」と契約による「人義の自由」の別があることを説明して、ホッブスとの違いを示唆している。自由民権家にも広範に見られる天賦の自由権の誤解を正す意味で有用な「解」になっている。

以下私の論旨に関する限り、兆民訳とルソーとの異同を指摘することがあるだろう。

我が歴代の聖主は

さて、ルソーは生まれながらの自由権、これを裏切る奴隷状態の現状を指弾する。いま仮に、明治一〇年前後の自由民権派の視線で、兆民を通じてこの一文を読んでみる。自由平等は人間生まれながらの権利のはずなのに、見渡せばわが日本の国では人民から王族に至るまで、奴隷の鎖に縛られ自立を阻まれていないか。この甚だしさは何なのだ。ルソー本人と東洋のルソーと、二人の呼びかけが自由民権派の青年たちを奮い立たせ、彼らに言葉を与えたことは想像に難くない。ただし、天然の自由つまり天賦人権の合言葉が、人義の自由の問題をすっ飛ばして独走するということが起きている。

とはいえ、社会契約論第一編の最初の四章まで、自由と平等に関するルソーのアプローチの仕方を、兆民の訳文の観点から簡単にフォローしておきたい。続く第五章以下、社会契約説と団体論とにつなげるためである。

人間は自由なものとして生まれながら至る所で奴隷の鎖につながれている。自由人から奴隷へのこの転化はなぜなのかと、ルソーは問うた。その歴史的な起源ではなく、この変化は一体どんな理屈によれば正当化できるというのか。こうルソーは論を進めていき、そのさい奴隷制の歴史的事実とその正当化の権利とを峻別することを議論の出発点として確認する。いわゆる事実問題と権利問題の関係である。兆民の言い方では事実と道理の別である。そしてルソーによれば、事実によっては断じて権利を正当化しえない。問題は個人間の支配服従の関係でなく社会における隷属関係であり、まずは君主と臣民たちの関係である。

専断政治を欲する者はよく君は父、民は子のごとくなりと言うが、しかしいかんせん、君が民に臨むのは愛でなく、ただ威力福をなさんと欲するだけのことだ。事実、民の父母だとしながら威虐をほしいままにしている。グロチウスは往古の専制の歴史を証拠として奴隷権を道理としているが、事実により道理となすのは本末転倒である。力を有することあるいは服従状態にあることを以て、それぞれを義とすることはできない。また、人民の奴隷状態を戦争の結果として見る。征服されたものは死を免れるべく自由権を棄てて勝者に隷属するという理屈である。だが、戦争は国と国の関係であり、戦争が終われば勝者と敗者の関係も終わる。どうして勝者に奴隷権を与え、自由権の放棄を敗者に強制することになろうか。こうして、兆民は訴える。「夫れ自由権を棄つる者は、人たるの徳を棄つるなり、人たるの務を棄つるなり。自ら人類の外に屛《しりぞ》くなり」（一五〇頁）。そしてルソーとともにさらに言う、「力、以て権と為すべからず、屈（服従）、以て義と為すべからず。帝と云い王と云うも、其の権いやしくも道に合せざれば、聴従を須《もち》うる無きなり」。

このようなルソー・兆民の自由平等の訴えが時の自由民権運動を鼓舞したのはもちろんであろう。だが、直ちに引っかかる論点にも気付かざるをえない。一つは君臣の主従関係であって、これがもっぱら君主の権力と利害にもとづくものだと言えば、わが国体の家族国家論・君臣一家論を刺激する。だから、兆民は直ちに注記している。ルソーの挙げる君主とは暴君のことであって、「我が歴代の聖主はみな至仁深慈、民を視ること傷めるものの如く、啻《ただ》に父母の子に於けるのみならず」。言葉尻で読者は誤解してはならないと。もう一つある。主人と奴隷の隷属関係は生まれながらのものだと、アリストテレス以来説かれてきた。だが、こんな説が出るのも、しばしば命を革め物を易える西方諸国のゆえなのだ。「我が邦は古より神聖あい承け、瓜瓞《かてつ》（皇統）千歳に綿々」であり、固より外国とは別である。「読者、其れ諸《これ》を察せよ」と。

以上のような兆民の弁明は国体論を憚った方便かといえば、そうではないだろう。明治の天皇を敬うことは兆民の終生の気持ちである。ただ、社会契約論は社会国家の人為による起源譚であるから、わが国の天壌無窮の国体論に随所で抵触せざるをえない性格のものである。とはいえ、兆民ばかりか初期自由民権運動には、概して天皇論を素通りする傾向がある。というのも、当時はなお天皇の存在と役割とが、後の国体論におけるがごとくセンシティブな論点にはなっていない。「君民同治」で済ますことができた。むしろ、自由民権運動の敗北後、国会開設とともに明治憲法体制が試行錯誤を始めてからのことである。明治憲法体制が「天皇」を創造・造形するのである。

ただ、もう少し固有の問題は次に見るルソーの政治体の性格に関わって顕在化する。ルソーの政治体を君民同治の「わが国体」と読むとしたらどうなるか。昭和の過激国体論から翻って見るとき、これとルソーとの関連は剣呑なものになってくるだろう。後に示唆する通りである。

ルソー問題　四つの論点

さて、これからがルソーと兆民、それに私自身にとっても、本番である。というのも、以上の前置きは前章の兆民の政論ともつながるものであって、自由の権を鼓舞し、かつそこに道徳的自由というポイントをはめ込む思想に重なるものであった。次いでここからが、第一編第五章社会契約論になる。端的に、これはルソーの政治的で倫理的な団体論になるのだが、これがある意味とんでもない性格のものなのである。社会契約はむろん歴史的事実でなくルソーの思考実験による構想物であり、事実でなく集団を規範的に扱う。それでいて平気で逆説と撞着の数々をまき散らしている。ホッブスやロックなどと社会契約概念の相違を論じても始まらない。契約を通じて結ばれるルソーの政治体の自己撞着自身が、片や時代の民権結社の盟約を鼓舞したと同時に、はるかに二〇世紀の革命運動の栄光と悲惨の経験にまで思考の射程を延ばしているのである。一体、ルソーの政治体とは結社なのか国家なのか、議会制か直接民主主義か、自由のコミューンなのか全体主義国家なのか、などなど。ルソーはまたアナクロかつ現代的な「ルソー問題」を今に残している。

ここではあらかじめ、このルソー問題なるものの所在を短く指摘して私の関心のありかを示唆し、その上で節を改めて社会契約論と民約訳解をこの観点で読んでいくことにする。こうでもしておかないと、ルソー問題の迷路にたちまちに踏み迷ってしまう。

第一に、ルソーの自然状態の性格である。ここでは各人は完全に孤立して没交渉に置かれている。

自然的自由と平等の状態である。次いで、歴史的経緯と共に、あるいは論理的要請として、この状態が維持できない事態に立ち至り、社会状態への移行を余儀なくされる。社会状態という人々の集合のうちで、では各人はいかに他者（たち）を発見しこれと結合状態を作り出すだろうか。自然状態にあっても、各人には例外的に「憐みの情」があるとされるが、この情念が結合を作り出しはしない。そこで構想されるのがルソーの社会契約、「最初の約束」である。社会契約が人間を理性的かつ道徳的存在に変える。こんな物語がなぜ今も問題なのか。

第二に、ベンサム流の功利主義の系譜とルソーとの対比である。快を求め悪を避ける人びとの打算的行動は同時に善であるとする、功利主義の道徳哲学のことはすでに前章で触れた。この場合、社会状態において集団が存在するとしても、それは個々人の総和であって実体としての集団はない。たとえば国家は、個人の幸福追求の手段であってそこに共通善や全体の利益を考えない。全体の利益とは諸個人の利益の算術的加算に等しい。言い換えれば、社会とは擬制的団体であって自他の内在的で道徳的な交渉という意味で、倫理を功利主義哲学は考慮しない。兆民は注釈（解）として「ベンサムは単に理を論じ、ルソーは併せて義を論ず」と記し両者の違いを際立たせている（一五八頁）。ルソーの団体はまさしくベンサムと対極に見えるが、しかし功利主義はルソー問題にとって厄介な始末になるであろう。

第三に、西洋の法思想には団体論の系譜があるという。団体（コーポレーション）とはその構成分子を離れて単一なる意志の力と生命をもち目的を遂行する。ルソーも団体という言葉を使用するが、この意味で使われているだろう。ただし、「団体の頭としての王」（カントーロヴィチ）とか君臣一家論とか、専制的な王政国家を指すこともある。近代では「法人」概念にまでつながる擬制的な人格であり、特定の目的を遂行する組織である。ルソーの団体は、これから読むように、擬制的人格とは受け取りがたく目的集団につながらない。

第四にあらかじめことわっておきたいのだが、政治集団にたいする私の関心のありかである。二〇世紀の経験は革命運動の中の集団形成とその運命を余すところなく露呈したと私は思ってきた。すでに本書第一章「結社の乱」でも例示したが、大衆の政治同盟と名付けるべき盟約集団（結社）とその連合としての評議会があり、この手の集団形成を促す力として大衆のコミューン志向が経験された。また、こうした反乱と蜂起における政治集団形成とは別に、革命党あるいは前衛党などと呼ばれる「党」が存在した。以上は労働組合などの階級集団や議会主義政党とは区別される集団であり、あたかも新たなもののごとく革命のたびに出現する共同性である。加えて、超国家主義の国体国家や全体主義国家も、戦争と革命の時代に良くも悪しくも猛威を振るうことがあった。国家一般でなくその例外状態である。

戦争と革命におけるこうした集団の形成を見るにあたって、私の関心が政治と倫理の結合・癒着、つまり近代的個人とその共同体にあったことも、私の初期の著作から繰り返し蒸し返してきたところである。ここで倫理とは個人道徳とは別にその個人と他者たちとの結合の論理のことであり、ルソーの場合は特に個と全体の一致という形を取るだろう。他方で政治とは、運動における諸集団の対立と、その内面化としての集団の結合の強化、反面での分裂抗争である。そこから析出され集団とその成員たちを駆動するカテゴリー的な力の経験が政治であった。この力がまた集団の結合倫理を強く制約し、逆に倫理がまた政治を拘束する。二〇世紀の戦争と革命における政治諸集団の経験は、広範な人身を動員しかつ濫費した。この功罪を政治的かつ倫理的な集団志向のうちに見定めようというのである。こうした理由からまた、私はルソーの政治体を直ちに「国家」とは見なさない。

岩波文庫版『社会契約論』（一九五四年）の解説に河野健二が本書をこうまとめている。「ルソーの構想した国家は、権力分割の上にたつブルジョア的な立憲君主政ないしは議会主義国家ではない、全人民を主権者とする直接民主政、人民独裁の国家であったと考えられる」。すなわち「革命的民主主義の主張」だと。ルソーをいわゆるデモクラシーの父と捉える通例と違って、一歩踏み込んだこうした読み方は可能だと思う。だが、この時代にはまだ、ソヴィエト連邦とかプロレタリア独裁国家とかを、革命的民主主義なるものの事例として連想することができたであろう。今では、ルソーに引っ掛けて直接民主政とか人民独裁の国家などと無邪気に言うことはできない。

二〇世紀の戦争と革命の経験が「ルソー問題」を顕在化させた。私は以下で、もとよりこの観点でルソーを裁断しようというのではない。ルソー問題にたいする私の関心が偏ったものであることに注意しつつ、しかし社会契約論の読み方として的を外さないようにしたい（個と共同の近年の面倒な議論については、ブランショとナンシーの共同体論を論じた私の「永遠の序章」、『叛乱を解放する』二〇二一年所収を参照されたい）。

団結かつ自由な政治体

ルソーに戻ろう。「民約の条目は、未だ嘗て之を口に挙ぐる有るを聞かず、亦た未だ之を書に筆にする有るを聞かず」と兆民の予告する社会契約論のことだ。

さて、「つねに最初の約束にさかのぼらなければならない」。これが社会契約論第一編第五章の表題である。一人の主人と奴隷たちしかいない専制政治、これも集団とは言えようが結合ではない。そこには公共の財産もなければ「政治体」もない。だから、人民が王を選ぶ行為を調べる前に、「人民が、それによって人民となる行為」を調べねばならない。そこで、人民が人民となる行為として、次いで第六章が社会契約（民約）を主題とすることになる。この契約の目的は、集団の「各構成員の身体と財産を、共同の力のすべてをあげて守り保護するような、結合の一形式を見出すこと」であり、そしてこれによって「各人が、すべての人々と結びつきながら、しかも自分自身にしか服従せず、以前（自然状態）と同じように自由であること」と設定される。

兆民訳で以上を繰り返す。

衆あい共に言いて曰く「吾等いずくんか相よりて一党をなし、其の全力によりて以て生を保つを得ん」。「吾等いずくんか相ともに繫束し羈縻《きび》（結束）して一団をなし、而かも実に絶えて人の抑制する所と為うることなく、各々の自由権を有すること曩時と異なる無きを得ん」。これ則ち国の国をなす所以、民の民を為す所以にして、民約は則ち是の条目を論次するものなり。（一五七頁）

この段階ですでに、集団形成には途方もない条件が課せられている。結合＝自由、自由＝服従という矯激な恒等式を解かねばならない。各自が孤立しておりそれゆえに自由な自然状態を脱して、人びとが社会集団を形成する。集団は主人と奴隷など支配の階層構造をもつものであってはならず、そこでは各人がすべての人びとと結びつきながら、しかも自分にしか服従せずに自由でなければならない。とりあえず、人びとのこの自由かつ団結がルソーの集団だと受け取っておこう。自身が言う「団体」「政治体」である。そこで人々を結びつける「共同の力」とは何か。兆民の訳文では集団論を「いずくんか相よりて一党をなし」としている。自然状態から社会契約を通じた政治体形成というルソーの論点が欠落している。「国の国をなす所以」とルソーにない一文を付け加えてもいるが、今日の語感による「国家」ではない。むしろ、「一党をなす」こと、「我が党」たる結社とその盟約のことが一例として想起されていたであろう。これが私の注目するルソー第一のポイントである。

これまでに見てきた明治の結社の乱では、地方政社はどこでも盟約書に当たる文章に合意の上で結成されている。任意に一例を挙げるが河野広中の福島県石陽社の盟約書（明治一一年一月）から抜粋する（庄司吉之助、『日本政社政党発達史』、一九頁）。

凡そ此社に入る者、至誠自ら疑わず相誓て以て此主意を貫くべし。我輩の自ら任とする所、則茲《すなわちここ》にあるなり。縦令身艱難に処するも百撓まず、協同一致倦ざらんことを要す。依て永く相背せざる為め連署捺印して其他なきことを証するなり。

もちろんここには一味神水の一揆の伝統が働いていたであろうが、あるいは兆民を通じて地方にも流布した盟約結社の志向が影響していたかもしれない。だが、ルソー共同体の問題性を河野広中たちはまだ知らない。

自由の譲渡にして獲得

では、こんな集団がどうして可能か。

第一に、契約当事者は自らとそのすべての権利を、「共同体の全体」にたいして全面的に譲渡する。この条件はすべての人にとって同じだから、特定の人に権利が残ることはない。だから結合は最大限に完全であり、各人には要求するものはもはや何も残されていない。だがこれだけなら、何か神とか理念とかの超越的な観念の下にがんじがらめに縛られ収奪される、衆愚の結合体になるのではないのか。あるいは陰謀の秘密結社か。歴史上、そうした狂信的な大衆の共同体が経験されてきたのである。兆民はルソーの政治体を党と訳しているから、イメージはさらに剣呑である。「党人咸《み》な皆な其の権を挙げて尽く之を党に納れて、一人の自ら異にする無し」。「爾《しか》らずして、若し党人おのおの保守するところ有りて、肯て尽く納れざれば、則ち党を為す無きなり」（一五八頁）。これだけ聞けば、いつぞやの「一枚岩の党」のことかと間違えてしまうだろう。この契約共同体を初めから国家と捉えてしまうと、特殊な全体主義国家や天皇制国体国家の例が思い浮かぶだろうが、ルソーはこの段階では国家の話などしていないことに注意しておく。

というのも第二に、「各人は自己をすべての人に与えて、しかも誰にも自己を与えない」。兆民訳では「自ら挙げて衆に与うと雖も、実は与うるところ有ること無きなり」。そして自分が譲渡した同じ権利をすべての構成員が受け取るのだから、集団形成の際に失うすべてのものと同じ価値のものを手に入れ、所有するものを保存するより多くの力を手に入れるのだという。要するところ、社会契約とは、「われわれの各々は、身体とすべての力を共同のものとして一般意志の最高の指導の下におく。そしてわれわれは各構成員を、全体の不可分の一部として、ひとまとめとして受けとるのだ」（1・6、31）。権利上、個イコール全体である。

しかしここにまたまた、「一般意志」という訳のわからない言葉が飛び出してくる。兆民いわく、「人々みずから其の身と其の力とを挙げて之を衆用に供し、之を率いるに衆意の同じく然る所を以てする」。一般意志はここでは「衆意」と訳されており、後には「公志」と呼ばれる。これでは自己＝他者（衆用）の意に取られかねず、一般意志という概念の危うさはここではまだ表面化していない。どんな団体にも指導方針や理念はある。「公志」がある。だが、ルソーの一般意志は団体のたんなる集合意識（全体意志）ではない。

他人と没交渉で各人が孤立していたルソーの自然状態が解体局面に入り、人びとがあい約束して何らかの集団を形成する。この社会秩序形成の局面が避けられないとして、その上でルソーの社会契約は集団にとんでもない条件を課す。社会集団あるいは秩序というより、一個の「政治体」と呼ぶゆえんである。それでいて、そこでは人民は自由であるべく強制される。不自由と不平等の耐え難い現実に苦しんで、人びとはいつもありえない自由の共同性を夢見る。これもまた隷属の歴史をしばしば寸断する反乱のユートピアであったこともまたわれわれの経験であった。ルソー自身の知らないことである。とりあえず、とまた言うが、このユートピア共同体の一つとしてルソーの夢想を受け取るとする。そして同時に、まさしくこの手のユートピアが、とんでもない専制共同体を生み出したこともまた歴史の経験であった。独裁者がいなくてもかまわない、一般意志という名の政治的かつ倫理的な超理念が反乱の人びとを集団に縛り付けて暴走させる。また、この集団の内部を見ればこれは構造を欠く万人平等の共同体であり、政治的には無政府あるいは乱脈なアナーキーであるかもしれない。ユートピア一般意志の下での強固な共同体。ルソーの集団論は危ない。

討議も私党も禁止

ルソー集団論の結合様式の特徴をさらに付け加えるために、ここで便宜上第二篇第三章から先取りして引用する。ルソーの政治体を直ちに全体主義と短絡しないために以下の点が重要だと思うからだ。

ルソー

徒党、部分的団体が、大きい団体を犠牲にしてつくられるならば、これらの団体の各々の意志は、その成員に関しては一般的で、国家に関しては特殊的なものになる。その場合には、もはや人々と同じ数だけの投票者があるのではなく、団体と同じ数だけの投票者があるにすぎないといえよう。ついには、これらの団体の一つが、きわめて大きくなって、他のすべての団体を圧倒するようになると、その結果は、もはやさまざまのわずかな相違の総和ではなく、たった一つだけの相違があることになる。そうなれば、もはや一般意志は存在せず、また、優勢を占める意見は、特殊的な意見であるにすぎない。

だから、一般意志が十分に表明されるためには、国家のうちに部分的社会が存在せず、各々の市民

が自分自身の意見だけを言うことが重要である。（2・3、47－48）

兆民
是の故に、若し公志の常に自ら暢発するを得、私志の圧する所と為るなからんことを欲すれば、宜しく国人をして私に党を樹つることを得ず、而して議を発する毎に必ず各おの衷より之を出し、旨を承くるところ無からしむべし。（一八〇頁）

先にはすでにルソーの団体とは一枚岩の「統一と団結の党」ではないかと疑ったが、ここではもろにそれが表明されている。党の分裂ばかりか分派も禁止である。それはそうだろう、一個の政治集団の内部に異見が生じてこれが部分団体となれば、自由の全面的譲渡と服従かつ自己と自由の完全な再獲得という、一般意志の下でのルソーの団体のそれこそ定義に反する。私党は禁止されるばかりか、そもそも存在することはできないのである。

それればかりではない。部分社会や内部構造を欠いたルソーの団体には、今日にまでに尾を引く問題性がすでにいくつも装填されてしまっているのである。まずは、集団の成員は討議に際して「自分自身の意見だけを言う」。兆民訳の「旨を承ける」、つまり他者と意見交換し異同を確認することが禁止されている。ルソーの集団内では私にとっての他者たちが直接には存在しないに等しいのだ。ルソーの政治体はギリシャの都市国家（ポリス）に範を求めたと思われがちだが、「言論活動の場所」（ハンナ・アレント）であるアゴラはない。ポリスはルソーにとってアテネというよりスパルタだ。現代でいえば二大政党制などとんでもない。

ただ、私はこの段階で一つの留保をつけておきたいと思う。ルソーの共同体では、各人は私にしてかつ対他存在だという実存の根本規定を欠如している。たしかに、そんなことはルソーの知るところではなかった。前節で指摘したように、リベルテーモラル（道徳的自由）とは各人にたいする道義的要請（浩然の一気）であっても、他者との連帯や社交性の規範、つまり倫理ではなかった。一般意志成立のための各人のいわば条件である。つまり、各人はそれぞれに道徳的に決意して一般意志なる抽象的全体性に献身する。これが直ちに自他の直接的な倫理的関係には及ばない。政治体において各人は私党を組まないどころか、自分自身の意見だけしか言わないのである。利他の精神とか、一人は万人のためとかの献身の倫理は断たれている。自他の関係は一般意志を介してしかありえない。逆に言えば、各人の浩然の一気こそが、ルソーの団体の結合が全体主義的倫理共同体とは別物だと主張している。万人にたいする自己犠牲などあってはならないのだ。後に触れるが、社会契約はこの意味で道徳的自由（リベルテーモラル）を各人に付与するのだとルソーは強調している。各人は「以前（自然状態）と同じように（孤立しかつ）自由である」。

だがそれなのに、とまた言うが、個＝全体（一般意志）なる共同体がルソーの歯止めを欠き、しばしば圧倒的に倫理的政治体として露呈したことこそ二〇世紀の経験ではなかったか。政治体でありながら厳格な倫理的集団であること、革命の英雄譚と凄惨な悲劇とが共にここに淵源していた。

その政治体ということがルソーの集団構成の第二の問題となる。政治とはまずは何よりも敵味方の抗争関係である。だが、この関係は直ちに政治集団の双方に内攻して、それぞれに結合を強化するとともにそこから意見の対立、分派が成立して、内部抗争から集団の分裂につながる。各人は自分自身の意見だけを発言することを止めて同類を求め、異なる同類がひしめいて集団の一般意志を食いつぶしていく。政治集団から定義上このモメントを排除することは政治の排除につながる。ルソーの集団はこの点では山岳根拠地に籠る武装集団、あるいは世間から離れて行い澄ますオカルト集団になるだろう。あるいは、ルソーと民権派の国家論が福沢流の英国モデルと相いれない根本の理由も以上にあったであろう。

右の引用箇所に続いてルソーはマキャベリに言及している。「いかなる国家の創設者も、国家内の敵対にたいして備えることができない以上、彼は少なくとも、徒党が生まれないよう備えるべきである」(『フィレンツェ史』)。それにルソーその人は、「党派とか派閥とか結社とかいうものは死ぬほど嫌い」なのであった(『告白』、岩波文庫、下巻一三頁)。注意しておきたいが、先の引用では国家のうちに部分集団があってはならないと、すでに「国家」という名称が登場している。ただ、この箇所は契約以降の政治体の主権と法を扱う後の章を先取りした引用である。契約そのものの説明に「国家」は登場しない。

コメントがもう一つある。集団内部に徒党があれば、「もはや人々と同じ数だけの投票者があるのではなく、団体と同じ数だけの投票者があるにすぎない」とルソーは書いている。ここで唐突に投票者のことが出てくるが、これはルソー集団論に不可欠な要素である人民の全員集会、そこでの投票者のことである。各人は自分の意志だけでこの集会に参集し、自分の意見だけを述べ一票を投じなければならないのである。ルソーの政治集団は一般意志なるものの下で、成員は孤立して自由、それでいて一般意志を裏切ることがないのである。人民集会の件は後にまた登場することになるだろう。

民約すでに成る

ルソーに戻る。大略以上のようにして社会契約は一つの政治体を産み落とす。この団体は一連の逆説からなるとしか言いようもない。自由と服従、自己の譲渡と獲得、私と他者、個人と全体、独立と結合、個別意志と一般意志など、矛盾する概念を等置する幾重もの恒等式を民約が解くとするのである。恒等式A＝マイナスAはA＝0でしか成立しない。A＝0とは自然状態ことであり、社会契約はこれを両極に引き裂いて等置するのだと言っていいかもしれない。

かくて「民約すでに成る」（兆民）。

ルソー

「われわれの各々は、身体とすべての力を共同のものとして一般意思の最高の指導の下におく。そしてわれわれは各構成員を、全体の不可分の一部として、ひとまとめとして受けとるのだ。」この結合行為は、直ちに、各契約者の特殊な自己に代わって、一つの精神的な団体をつくり出す。その団体は集会における投票者と同数の構成員からなる。それは、この同じ行為から、その統一、その共同の自我、その生命およびその意志を受けとる。（1・6、31）

兆民

人々みずから其の身と其の力とを挙げて之を衆用に供し、之を率いるに衆意の同じく然る所を以てする。

民約すでに成る。是《ここ》に於いてか、地、変じて邦と為り、人、変じて民となる。民なるもの相い結びて体を成す者なり。是の体や、議院を以て心腹と為し、律例を以て気血と為し、斯くて以て其の意思を宣暢する者なり。是《こ》の体や、自ら形を有せず、衆身を以て形と為す。自ら意を有せず、衆意を以て意と為す。（一五九頁）

兆民訳はここでもほとんど独自のパラグラフになっている。社会契約を通じて、民の結合体としての「邦」が成る。ここで「体」が団体（邦）の身体のことだろう。団体論からしてその身体は独自の自我と生命と意志を以て目的を遂行するはずである。兆民によれば、身体としての政治体の心臓と内臓は議院（国会）であり、法（律例）が身体に酸素と血液を循環させ、かくてこの身体はその意を発現することができる。身体と言っても人民から構成された団体であり、その意思の宣暢が一般意志に他ならない。

ここで一言注意しておきたいが、今日では往々にして、一般意志なる言葉は集団の超理念のごとくたんに観念として受けとられている。だが、ルソーの場合はこれは一個の政治体の一個の意志であり、主権と法とが一般意志を具現して成員を束縛していることを無視することはできない。

さて先に進むために、この段階でルソーの契約共同体の在り方を短く俯瞰しておこう。ルソーの政治的共同体（政治体）では、一般意志の指導の下に各構成員が全体の不可分の一人として結合している。結合は他の成員すべてとの結合であり、かつ各人は自由であるべく強制されている。共同体に自己のすべてを与え、かつ誰にも自己を与えない。このようにして、各人は結合で与えた以上のものを得ている。成員間には区別や部分結合はなく、徒党や私党は存在しない。かくのごとく自由かつ共同の構成員たちが、ただ一つの共同の自我と生命と意志の下に結合している。この意志が政治共同体の一般意志である。一般意志を特定の構成員ないし集団が代表することはない。集団の意志は各構成員それぞれの意志であり、かつ一般的で全体的なものである。政治体は成員全員による集会を開催して、論争なしに、一人一人の全員投票により一般意志を確認する。

以上俯瞰するに、ルソーの政治体は一個の公的人格であり、内部は成員各自の強固な結合により成り立っている。結合は「国家則ち個人」（北一輝）というように、個と全体を等置する倫理を前提にしている。この結合を強固にすべく、各人にはリベルテ―モラル道徳的自由（浩然の一気）にもとづく決断が要求されている。いや、そのように政治体が定義している。

この集団が政治的共同体であるというのも、結合の原理が功利主義的打算を善とする世間とは別の規範だからだ。各人に利害や欲望がないというのではない。後に触れることだが、各人のこの在り方は同一の個人において市民にたいして臣民として区別されており、臣民としてはそれぞれ私人であり自分の利害にかまけていてかまわない。要は、この政治体は市民社会の日常の政治集団でなく、市民社会以前あるいは革命のような例外時に社会とは別次元に忽然と出現する結合体である。それでいて、成員どうしの横のつながり、社交性や献身（一人は万人のために、など）の倫理に関しては何も特定されていない。一般意志という幻想の共同体である。各人にとって他者たちは本来的に存在しないし、ましてや個人が実存と投企とに引き裂かれる経験をまだ知らない。それでいて、一般意志はたんなる幻想でなく、後に出てくるように主権とその法によって各人を政治体に拘束する。革命と戦争の時代にかかる政治共同体が実際に内外に向けて一個の権力（自己権力）であったこと、兆民のまだ知らないその功罪は「ルソー問題」として今日にまで跡を引いている。このことは、これからも随所で指摘することになるだろう。

しかし、こんな風にまとめようとしても、切りがなくなってしまうので、先に進もう。

契約政治体の呼び名

さてこうして、社会契約から形成される団体と、これにかかわる様々な用語とが列挙されることになる。

> すべての人々の統合によって形成されるこの公的な人格はかつては「都市国家（シテ）」という名前をもっていたが、今では「共和国」（République）または「政治体」（Corps politique）という名前をもっている。それは、受動的には、構成員から「国家《エタ》」（État）とよばれ、能動的には「主権者」（Souverain）、同種のものと比べるときは「国」（Puissance）とよばれる。構成員についていえば、集合的には「人民」（Peuple）という名をもつが、個々には、主権に参加するものとして「市民」（Citoyens）、国家の「法律」に服従するものとしては「臣民」（Sujets）とよばれる。（1・6、31。「　」は引用者による）

一読目が回るような羅列だが、ルソー自身により以上の用語が一貫して以降も押し通されているわけではない。「しばしば混同され、一方が他方に誤用される」と本人が断っている。だがそれだけではない。すでに見てきたが、この団体の逆説の恒等式とも言うべき内実を思うとき、ここに突然登場する国家とか共和国とか、その統治に関わる用語には当惑してしまう。実際、ルソーはこれまで社会契約を説明するに際して国家や共和国の用語を全く使ってはこなかったのである。人びとが約束する共同体はただ政治体あるいは団体と呼ばれた。確かに「民約すでに成る」の以降、社会契約論第二篇（主権と法）からはルソーはこの団体を国家と呼び表すことも多くなるし、引用したり言及したりする私もルソーの国家と書かないわけにはいかない。今の引用箇所を出発点として、主権も法律も市民も臣民も、以下では頻繁に使われる。そして、政治思想史としてルソーを取り上げる今日の論者がルソーの国家論と言い、今日の国民国家や共和国の解明にまで繋げて論及するのには訳があるだろう。「デモクラシーの父」ルソーである。また、功利主義の想定する国家・政府に端的に対立する系譜として、ルソーの共和国を取り上げることもあろう。それに、団体論を法人論として捉える法思想史もあるだろう。

だが、こうした国家から、ルソーの契約政治体は明らかに外れている。大体規模が違う。彼の故郷ジュネーブのような小国家、あるいは憲法制定に関わったというコルシカ島などが契約政治体のモデルだったという。「都市国家がきわめて小さくないかぎり、主権者が、その権利の行使を保持することは、われわれの国では今後は不可能である」、平気でこう告白してもいたのである。兆民が時に使う「党」のことだ。あるいは、「国家を適当な限界まで縮小することができないにしても、なお一つの手段が残されている」として、それは「首府を認めないことだ。すなわち、政府を、各都市にかわるがわるにおき、国家の会議を順番にそこで開くことだ」と注意している（3・13、130）。

先にも政治集団についての私自身の関心のありかを要約しておいたが、ルソーの契約共同体に関しても主として専らこれを文字通りに「政治体」として受けとりたいのである。戦争と革命という例外時に形成される政治体であり、だから対立抗争と分裂の危機に立つ一個の政治体である。必ずしも団体の規模の大小に捉われることではない。国家にしてもナショナリズムが例外時に国家独裁、全体主義国家として出現することがあった。国体が露わに主権を固めた天皇制国家もある。かつて私がルソーに注目したのも、その政治体を北一輝の国家論につなげ、これを介して昭和の青年将校たちの決起を理解するという脈絡であった（『超国家主義の政治倫理』、一九七七年）。とはいえここでは、ルソーの政治体にたいする私の関心は、二〇世紀の革命運動における政治集団から顧みて兆民を読むということに置かれている。その上で、自由民権結社の運動や党派の分裂と「大同団結」への兆民の関わり方を見ていきたい。

お断りが長くなったが、ルソーと兆民のこれ以降の文章を読んでいく際に、国家とその統治に言及する箇所でも、努めてこれを「政治体」「党」と裏目読みしていきたい。

混迷する訳語

さて、兆民に戻る。政治体の呼び名に関するルソーの定義に対応する訳解はこうなる。

是の体や、昔人之を称して「国」と曰い、今や之を称して「官」と曰う。官なる者は群職を裁理するの謂いなり。其の衆と往復するよりして称するも、亦た官と曰う。其の令を出すよりして称して「君」と曰い、他人之を称して「邦」と曰い、其の衆を合して之を称して「民」と曰い、其の「律例」を議するよりして称して「士」と曰い、其の法令に循うよりして称して「臣」という。(一六〇頁、「」は引用者の付加)

苦心の翻訳といえようが、原文と無理に対応をつければ次のようになろうか。

国 → 都市国家
官 → 共和国、政治体、国家、主権者
君 → 主権者
邦 → 国
民 → 人民
士 → 市民
臣 → 臣民

相当に混乱しているように見えるが、ルソーの原文にしてそうなのだと言えようか。以上の兆民の訳語で特異なのは「官」と「君」である。官は主権(者)のことと了解できるが、実は、以降の訳文でこの「官」が使われることはないのである。それにしても主権者をどうして「君」と訳したのだろうか。もとより「君主」とははっきり区別されている。むしろ、国家にあっては能動的人民こそが主人(主権者)であることをあえて君と呼んだのであろうか。

いずれにしてもルソーの社会契約と契約政治体について、兆民が明確に訳出できていたとはとても言えまい。そもそも大本のルソーに、政治体の名称の一貫性が欠けている。私としては差しさわりのない範囲で「政治体」という呼び名を使いたい。国家も政治体であるが当然一国に一個に限定される。だが、ルソーの政治体は一国内あるいは一つの運動の内で複数存在しうるし、相互に同盟あるいは敵対する。契約による団体の名として、ルソーが都市国家を挙げてもいるとおりである。さらに私は倫理的な性格も考慮して契約共同体という用語も用いることになる。

政治体と人民、それぞれの盟約

さて、右に取り上げた一文にある「共和国または政治体」およびその構成員「人民」とは、それぞれに二重の規定を受けているからややこしい（1・7、33）。政治体は国家でありかつ主権者人民である。人民は市民でありかつ臣民の性格を持っている。そして、社会契約は政治体と人民との契約であると同時に、そのそれぞれにおいて能動的と受動的の二重の関係を結んでいる。政治体は他の主権者にその一部を譲り渡したり、また服従したりすることはできない。国家を攻撃することなしにその構成員市民を一人といえども傷つけることはできないし、その逆もなおさらできない。主権者は市民の利益に反し各人を傷つけることはないし、またできない。それでいて「主権者は、それが存在するというだけの理由で、主権者として持つべきあらゆるものを常にそなえている」。

ところが、「市民」とは別に国法に服すべき「臣民」に関しては事情が違う。というのも、人間はそれぞれに特殊意志をもち、これが「市民としてもっている一般意思に反する」ことがある。かくて臣民は義務を果たそうとせず、市民の権利だけを享受しようとして、政治体の滅亡を招くだろう。したがって、社会契約は何びとにせよ一般意志への服従を拒むものは、「団体全体によってそれに服従するように強制される」。暗黙の裡にこの約束を含んでいるのである。国家の構成員は「自由であるように強制される」。強制されて市民となる。だが、くどくもダメを押すようだが、それでも各人は「すべての人々と結びつきながら、しかも自分自身にしか服従せず、以前（自然状態）と同じように自由である」。

そのうえで、社会契約は人間社会のうちに注目すべき変化をもたらすとされる。

人間の行為において、本能を正義によっておきかえ、これまで欠けていたところの道徳性を、その行動にあたえるのである。その時になってはじめて、義務の声が肉体の衝動と交代し、権利が欲望と交代して、人間は、その時までは自分のことだけ考えていたものだが、それまでと違った原理によって動き、自分の好みにきく前に理性に相談しなければならなくなっていることに、気がつく。（1・8、36）

以上のものの上にさらに、私たちは、人間をして自らのまことの主人たらしめる唯一のもの、すなわち道徳的自由をも、人間が社会状態において獲得するものの中に、加えることができよう。なぜならば、たんなる欲望（に従うこと）は奴隷状態であり、自ら課した法律に従うことは自由の境界であるからだ。（1・7、37）

このように、社会契約が生み出す団体（国家）はたんに政治的に特異な集団であるだけではない。人が自然状態にあったときの欲望のままの行動にたいして、社会契約は人間を理性的かつ道徳的存在に代えるものでなければならない。今の引用で「道徳的自由」とは前章のリベルテーモラルに他ならない。個人は独立した気概と義務とにより政治体の一般意志に自己を投与結合し、政治体は個人を全体の一部としてまとめて受け取るのだ。

以上のルソーの説明を今度は兆民の目で見返してみる。こちらの方がよほど平明なのである。先に言及したが兆民では民約政治体の主権者は「君」と訳されていたが、その君と「民」につき、訳解は続いて大幅に意訳して敷衍している。ここで兆民の「民」とはルソーの人民のことである。だがそれにしても、兆民はなぜ主権者をわざわざ君という語に代えて翻訳したのだろうか。後の時代になれば、天皇は日本国の主権者かどうか、そして君主と臣民との関係が国を挙げての一大紛争になる。天皇は国家を超越する独裁的首長ではなく、天皇即国体であることが日本国なのだ。国家の能動的主体を君としたとき、兆民の意識下に我が「国体」、さらに言えば「天皇」がなかったかどうか。君民同治（共治）だ。これは妄想だとして、ともかくもまずは兆民の訳解を聞いてみる。

所謂る君なる者は、衆人相い合わせるものたるにすぎざるを以て、君と臣と交ごも盟《ちか》うと云う（民約）と雖も、実は人々躬《み》みずからと盟うなり。何を以て之を言うや。曰く、衆人相い倚りて一体を為す。将に議して令を発せんとすれば、すなわち君なり。別に尊を置きて之を奉ずるに非ず。而して凡そ此の約（民約）に与る者は、皆な君たるに与ること有るなり。（一六〇頁）

是の故に、衆の共に議して定むる所は、人々に在りて必ず遵踏せざる可からず。人々はみな一身にして両職なり。故に其の君たりて定むるところ、臣たりて之に循《したが》わざる可からず。若し循わざるを為さば、是れ一人にして衆に背き、臣にして君に背くなり。

是を以て、今日興すところ有りて、明日或は之を廃す。蓋し衆議一決すれば、憲令の最も重き者と雖も、これを改むるも可、之を廃するも可なり。(六一頁)

なるほど、君と臣とは君主(尊)と臣下の関係のことではなく、政治体における主権者と民のことなのだ。主権者はもとより特定の個人ではなく団体の一般意志とその強制力(法)のことであり、ほかならぬ団体の人民各人がこれを構成しこれを身に荷り、これを体現している。「人々はみな一身にして両職なり」、つまり私にして共同の存在であり、これこそが集団を共同体たらしめている。だから主権者(君)に臣が従わないことはありえない。それぱかりか、衆議一決すれば憲法ですらこれを改廃することができる。兆民の国会論に見たとおりである。明治二三年に初の衆院議員の一員となった兆民が、新議会の唯一最大の課題として「憲法点閲」を唱えたことが連想させられる。

だが再度こだわるのだが、なぜここで主権者のことを兆民はわざとのように君などと名付けたのだろうか。君という訳語は訳解に先立つ手稿「民約論」(明治七年)でも変わらない。だが、君という訳語からは君民共治・天皇親政のわが日本国体、あるいは主権者天皇と臣民の在り方を思い浮かべずにはいられない。日本国体にあっては、臣民はまさに一路平等に天皇に直参すると捉えられていた。それこそ、「別に尊を置きて之を奉ずるに非ず。而して凡そ此の約に与る者は、皆な君たるに与ること有るなり」である。兆民の意に反して試みに右の一文で、「君」を国体ないし天皇と読んでみるとい い。国体論過激派の日本国家論としても通用しうるのではないか。まして後に出てくるように、主権者天皇はルソー本人によって「立法者」とも呼ばれうる存在なのである。しかも、日本国体は民約を起源にするものではない、天壌無窮なのだ（国体論については私の『国体と天皇の二つの身体』参照）。

さらに、兆民は次のようにダメ押し的に繰り返している。

凡そ此の約に与る者は、其の君たりて令を発すると臣たりて命を承くると、並びに常に相い共に助を致さざる可からず。是れもとより義のある所にして、亦た利の存する所なり。君たりて令を出し、能く義に違わざらんか、臣たりて必ず之が利を享けん。臣たりて職を挙げ、能く道に背かざらんか、君たりて必ず之が福を獲ん。君と云い臣と云う、初めより両人あるに非ざるなり。（一六二頁）

さて、大略以上のようにしてルソー社会契約論は第一編（兆民では巻の一）を終える。最後に、政治体に参集する人民の平等について、ルソーのまとめを聞いておきたい。「この基本契約は、自然的平等を破壊するのではなくて、逆に、自然的に人間の間にありうる肉体的不平等のようなもののかわりに、道徳上および法律上の平等をおきかえるものだということ、また人間は体力や、精神については不平等でありうるが、約束によって、また権利によってすべて平等になるということである」。（1・9、41）

7　兆民と一緒に読むルソー（二）　樫の木の下の国家

主権の限界

さて、社会契約論は第二編に入り「主権」（一〜五章）と「法」（六章）を扱う。すでに民約はなり、ルソーの国家が成立している。私の読み方では政治体あるいは政治的倫理的な共同体である。次いで、この国家・政治体は現に「運動と意志」とを与えられて存続していかねばならない。人民が政治体をなすための社会契約が仮説、あるいはルソーの思考実験だとすれば、これを一歩現実に近づけるべき記述と言えるだろう。繰り返すが、一般意志とはただの集合観念のことではない。

その際の主題が主権と法であるが、この両主題になると、それぞれが本来的かつ現実的な対立を抱え込んでいることが指摘されるようになる。「主権の限界」（第二篇第四章）だ。主権では市民と臣民（あるいは政治と社会、公と私）、法では主権者の法と政府の法令（兆民訳では律例と法律）の齟齬対立である。主権者とその法とは政治体をいかにも一枚岩に結束させるが、他方で臣民は私人として猥雑ともいえる欲望と自由とを抱え持っている。政府の法令はこれを外から調停する介入に過ぎない。

私はこんな要領でルソーの第二篇以降を読んでいきたいが、現物はこれまで以上に文意が錯綜している。さすがの兆民も「読者おそらく解し難きに苦しまん」とコメントし、「或は理の相い容れざるもの有りと為すを免れず。読者、請ぅ再思を致せ」。こう記して民約訳解全体を閉じている。兆民の訳述も、第一編に比べればルソーの原文に縛られる度合いが高いように見受けられるのである。

さて、ルソーの第二篇は「主権は譲りわたすことができない」から始まり、主権は分割できない、一般意志は誤ることができないと畳み込んでいく。まず、

ルソー

だからわたしはいう、主権とは一般意志の行使にほかならぬのだから、これを譲りわたすことは決してできない、と。またいう、主権とは集合的存在にほかならないから、それはこの集合的存在そのものによってしか代表されえない、と。権力は譲りわたすこともできよう、しかし、意志はそうはできない。(2・1、42)

兆民

一邦の民、若し一人を挙げて之に托するに君権(主権)を以てし、而して永く其の令するところに従いて敢て忤違《ごい》(違反)すること無からんと約せば、是の約は則ち是れ其の由りて以て民たるところの本旨を破壊するなり。(一七四頁)

前編を受けてルソーはまず確認する。主権とは政治体の契約(盟約)による意志だから、誰もこの意志を代表して他に譲りわたすことはできない。なぜなら、一般意志を代表すると称する誰か首長の特殊意志が一般意志とたまたま一致することがありうるとしても、一致が恒常的であることは不可能

だし、それを保証するものなどありえない。こう確認したうえで、しかしとルソーは続ける。首長の命令は、もし主権者人民があえて反対しない限り、一般意志として通用しえないということを意味するのではない。政治体は現実に「一人の代表者・首長」を持つことがありうる。これは以下の伏線になる。

次いで、

主権は分割できない。なぜなら、意志は一般的であるか、それともそうでないか、すなわち、それは人民全体の意志であるか、それとも一部の意志にすぎないか、どちらかであるから。前者の場合には、この意志の表明は、主権の一行為であり、法律となる。後者の場合には、特殊意志か、行政機関の一行為に過ぎず、それはたかだか一法令に過ぎない。（1・2、44）

この引用でも指摘されている。主権が特殊意志の命令か政府の行為に過ぎないことがありうる。これには註が付いていて、「意志が全員一致のものであることは、つねに必ずしも必要ではない」。次いでルソーは、「主権は分割できない」というテーゼに反する「わが国の政治学者」をやり玉に挙げている。彼らは力と意志とに、立法権と執行権とに、課税権、司法権、外交権、国内行政権と条約締結権とに、主権を分割している。主権から出てくるに過ぎないものを主権の一部だと取り違えているのだ。主権をばらばらに分割し、その上でどうしてその細片を寄せ集めることなどできようか。このように、ルソーには「三権分立」が主権を構成するなどという民主主義はないのである。「もろもろの権利は、すべて主権に従属しているものであり、常に至高の意志を予想し、その意志の執行をなすにすぎない」。それなのに主権の意思を「もろもろの権利」に分割することが現に行われている。以上もまた、第三篇の政府論で敷衍される事柄である。なお、主権の分割はこれら三権分立に関わるだけでなく、他ならぬ政治体の分裂という問題につながる。一つの国家でなく政治体を想定するとき、政治体は複数並立しあるいは抗争することがありうる。これは由々しい現実であり、次項ですぐに顕在化するであろう。

「一般意志は誤ることができるか」、定義上、誤ることはできない。「衆志の物たる、常に正に趨《はし》り常に公に趨る」(兆民)。しかしここでもルソーはすぐに断りを入れている。「人民の決議が、常に同一の正しさをもつ、ということにはならない。人は、つねに自分の幸福をのぞむものだが、つねに幸福を見わけることができるわけではない」。だから欺かれることがある。先にも首長の命令が一般意志として通用することがありうると注記したルソーである。また、主権がその内で分割され、政治体の分裂に至る恐れがある。では、一般意志がこのように誤る危険をどう防止するか。ルソーの方策は過激であるが、これはすでに先に援用した私党の禁止である。だがここでも、「つねに最初の約束にさかのぼらねばならない」(1・5、27)。社会契約においては、各人はすべての人々と結びつきながら自分自身にしか服従せず、以前と同じように自由であること。自己をすべての人に与えてしかも誰にも自己を与えない。こんな矛盾が平気で唱えられていたのである。そして、ここで各人の自己とは主権者市民としての存在、つまりは政治的性格の自己なのである。政治的である限りで各人は政治体に盟約する。しかし、政治的自己が人のすべてであるはずがない。これは政治体に盟約する各人の体験的事実として歴史的経験をなしてきたのである。政治体の一般意志に服従し自己を与えながら、自分にしか服従せず誰にも自己を与えない。この体験が反政治的存在としての自己を目覚めさせる。組織と個人、実存と投企、政治と文学などなど、ポストモダン以前の二〇世紀の思想だったことを想起するだけでいい。

私人としての臣民

ルソーはまた主権の定義外の人間のことに触れている。社会契約は政治体にその成員にたいする絶対的な力を与えるとしたうえで、次のように主権を限界づけている。

しかし、われわれは、この公けの人格のほかに、これを構成している私人たちを考えねばならない。そして後者の生命と自由とは、本来、前者とは独立のものである。そこで、市民たちと主権者との、それぞれの権利を区別し、また市民たちが臣民として果たさねばならない義務を、人間としてうくべき自然権から、十分に区別することが問題となる」（2・4、49）

ここで政治的人格と区別される市民とはむろん実存のことではなく、臣民としての存在である。「邦国は能く衆を離れて独り成り立つものに非ずして、必ず衆の相い協和するを須《ま》ちて方《はじめ》て自ら存するを得るものなり」（一八一頁）。「社会契約によって、各人が譲りわたす能力、財産、自由はすべて、ただ、その使用が共同体にとって不可欠な全体の部に限られる」（2・4、49）。要するところ、臣民とはブルジョア的市民なのである。「主権者がわにおいても、共同体にとって不必要な負担は、決して臣民に課することはできない。いや、そういうことを意志することすらできない」。「君権なるものは極めて広大なりと雖も、極めて尊厳にして侵す可からずと雖も、而も終に亦民約の定著する所を踰越《ゆえつ》する有るを得ず」（一八六頁）。共同体の政治の圏外では政治体と二重構造をなして市民社会がある。そこでは、個別的な権利が争い、一般意志による判決もないままに訴訟沙汰がはびこっている（2・4、51）。

さて、以上に私は強固な結合体であるはずのルソーの政治体が、社会状態で現実に存続する場合に顕在化させる「主権の限界」を、ルソーの文章からわざとのように摘出してきた。だが、もともとルソーの政治体自体、これまでに縷々紹介してきたように、反対概念をつなぐ恒等式のような危うい論理矛盾を抱え持つものだった。「一般意志は誤ることができない」等々。その上にさらに、政治体はそれが置かれた現実社会との間で本来的な齟齬をきたす。私人たちからなる市民社会のうちで、あたかも突如として、反乱の集団形成が始まる。集団形成は政治体の論理に従って進行するとして、この論理は市民社会とは別種のものたらざるをえない。市民と臣民という人民の二重性が公人と私人のように対立する。政治体を国家のことと見なすとしても、例外状態に置かれた国家は市民社会を包摂しなければならない。そこに国家（国体）と政府（政体）、法と法令の対立が顕在化する。どちらの場合も、政治体は人民に社会的な義務を要求せずにはすまぬであろう。この要求がまた、政治体の内部矛盾とインターラクトするはずである。

そこで小括である。ルソーによればこうなる。主権者といい市民といい、どちらの側から社会契約の原理にさかのぼっても同じ結論に達する。市民の間に平等を確立し、市民はすべてと同じ権利を楽しむ。主権すなわち一般意志の正当な行為はすべての市民を平等に義務づけ、恩恵を与える。主権者は国家体のみを認めてこれを構成する個人に差別をつけない。上位者と下位者との約束ではない、合法的で公平な約束だ。有用で揺るぎのない約束だ。臣民が約束にのみ従う限り、彼らは何人にも服従せず、自身の意志のみに服従する。

ただし、主権は絶対的で神聖不可侵であろうとも一般的約束の限界を越えない、越えられない。すべての人はその財産と自由を十分に用いることができるし、他のもの以上に負担を課せられることもない。主権者の権限は臣民の個別的事柄には及ばない。この契約の結果、個人の状態は自然状態に比べてより一層現実的で望ましいものとなる。自然状態では自分の生命のためにのみ戦わねばならなかったが、今や国家にささげた生命そのものが国家によって絶えず保護される。すべての人は、必要あれば祖国のために戦わなければならないが、国家からもらったものを国家に返すにすぎないではないか（2・4、52）。

法、政治体の運動と意志

さて、次は法（律例）である。兆民の民約訳解はこの章までになる。すでにこれまでに見てきたように、社会契約により誕生した政治体については以下のことを前提にしていいだろう。社会契約とは歴史的事実として提起されたものでなく、現実の存在を想定するものでもない。ルソーの思考実験だと先に述べたところである。とはいえ、国民国家が現に存在し、さらに一国内には独立した盟約集団

（セクト）が見いだされるだろう。思考実験の上ではこれらに区別はなく、いずれも契約団体として政治体と呼ばれている。政治体として国家を党や盟約集団などと同列に扱うというのが、既に断ってきたように、ここでの私の受け取り方である。政治団体の盟約が表明しているのが政治体の一般意志であり、明文化されていることもあり、たんに最初の約束における暗黙の了解事項であるかもしれない。一般意志のもとに政治体の全員が（内外に）行使する権威と権力が主権であり、この時政治体の一般意志は主権者として顕現する。一般意志が一般的であるためには、政治体の内部に私党や党派争いがあってはならない。この政治体は中間団体を持たないのである。だから、その内部は無政府状態でも専制でもありうるが、これは団体の運用の差異であって、最初の政治体の定義には含まれない。

しかし、こんな団体が政治集団として存在し、かつ最初の約束のままに存続しうるものだろうか。ルソーの思考実験だと捉えたとしても、これが現に在る政治世界の考察と批判に繋げられねばならない。当然である。そこで、次に法の考察になる。ルソーが続ける。社会契約によって政治体はその存在と生命を与えられた。今や、この政治体が自らを保存し持続するために立法によってこれに「運動と意志」を与えることだ。

ただここでも、法は一般意志の発現形態であって個々の、具体的な法令ではないし立法・行政機関の行う法律ではありえない。法は抽象的な意志である。先に民権結社の一例を挙げたが、その取り決めではまず盟約が行われ（旨趣）、次いで結社の規則や規約が箇条書きで列挙されるのが通例である。後者は旨趣に合せてしばしば改訂される。結社の法と立法の別がこれである。国家では憲法として、最初の約束が明文化され全員に合意されている場合もあろう。それなりに歴史的伝統を引き継いだ成員どうしの黙契であるかもしれない。あらかじめ連想を広げておけば、法とは法哲学の対象であり、これにたいして法律のほうは政府が公布し六法全書に明文化されている。ルソーの法とは前者であり、兆民は区別を立てるために法を法律でなく律例と訳している。民約訳解以前の兆民では、なお法は法律と訳されてもいたのである。

明治憲法体制のことを想起して、ルソーの法は国体であり法律は政体のことだと短絡しておこうか。民約は「政治の由りて立つ所」であり、律例は「治術の由りて行わるる所」だというのが兆民の解説である。律例は統治の根拠である。要するに、ここで法とは一般法であり、社会契約論が続く第四編で取り上げる「政府」の機能とは別である。むしろルソーの政府論の特異性を浮き彫りにする素地が政治体の法になる。以下では、主として（国民）国家の法と法令が扱われているように見えるが、規模の大小を問わずこれは政治体一般の法として読める。あらかじめくりかえし断っておきたい。

さて、西洋近代で法といえば何よりも神による正義、あるいは自然と理性に発する普遍的正義（自然法）のことだろう。だが、これが受け入れられているのだとしたら、政府も法も必要としないはずではないかとルソーは言う。権利を義務に結びつけ、正義をその本来の対象に立ち返らせるためには、約束に加えて法がなくてはならない。だが、法とは何か。法は契約における全人民にたいする人民自身の取り決めであるから、この取り決めの対象は一般意志と等しく一般的でなければならない。主権者と各人のこの抽象的行為を法という。だから、個別的対象に関する機能は一切立法権には属さない。例えば、法にもとづいて王とその特権など王制を取り決めることはできるが、王家を指定し誰が王であるかを選ぶことはできない。

法は一般意志の行為に属するから、以下の問いはそれこそ定義上不要である。法を作るのは誰の職分か、君主は法を作りかつ法を越えうるか、法は不正でありうるか、そして、人が自由であってしかも法に従うとはどうしてか。法は一般意志とその対象の普遍性とをひとつのものとしている以上、誰であろうと一人の権力者が命じることは法ではない。主権者ですら個別的対象にたいして命じたことは法でなく命令（デクレ）であり、主権の行為でなく行政機関の行為である。兆民の明治七年の「民約論」ではこの章は「国法」と呼ばれ、ルソーの要約であるが次のようなイメージである。

全国民相集て全国民に係る事件を議するときは、人々己を視るのみにして他に関せずして乃ち臣庶として君主（主権者）として決するなれば、彼此の間二人有らずして全部を欠くこと無くして、其意は真に衆人に出でて其事は真に衆人に還る。（全集1、一六頁）

だからルソーは、法によって治められる国家をその行政の形式いかんにかかわらず、これを共和国と呼ぶ。合法的な政府は共和的である。ただしここで共和的とは、いわゆる民主政だけでなくおよそ一般意志すなわち法によって導かれるすべての政府、それがたとえ君主政であっても共和的になるという。政府についてはは後の第三篇の主題である。

ここで、法に関するこの章の兆民訳からいくつか補っておきたい。そもそも、「前章は文義きわめて糾繆《きゅうびゅう》、読者おそらく解し難きに苦しまん」とは、兆民の注釈である（「解」、一九九頁）。兆民の訳文自体が試行錯誤の様相であり、この章に限って自身の解説が四か所も付加されている。それに、翻訳当時はまさしく酷熱の極み、自身が神気疲労困憊の体で、にわかに筆を投げてはひと眠りという状態だったという。そのため、訳文も原文をただ写すだけに終わった。だから、解説を付するのだと述べている。

「民約すでに立ち、衆、共に議して以て規条を定むるは、所謂律例なり」。これも兆民の「解」であるが、民権結社の取り決めを思えばわかりやすい。国家の場合、その衆議は国民を挙げて終始一致、「初めより党を分かつこと有ることなし」でなければならない。その上で、曰く「国を為《おさ》むる者は、道徳の恃むに足らざる、必ず相い約して例規を立て、違えば則ち罰あり、夫れ然る後ち義と利と相い合し、所謂道徳も亦た行なわるるを得」と。法は個人道徳に先行する共同の倫理規範なのである。しかしこれはかなりの意訳である。ルソーでは道徳とか、義と利の一致とかの言葉はない。だからか、これには「解」が続き、道徳と律例の別を論じて重きを律例に帰するのだと解説されている。社会契約というルソーの最初の議論はわが国にはそのままでは通じにくく、この段のまとめとして、これを衆における義と利の一致と言い換えたのであろう。

もう一つ、法によって治められる国家はその政府の形が何であれ共和政と呼ぶ、これがルソーの提起だった。兆民訳では共和政は自治の国と呼ばれている。なぜなら、帝や王の存否は問うところでない。民が自ら治めて人に治められないからだ。兆民はさらに解説して曰く、「すなわち所謂る帝なるもの、所謂る王なるもの、皆な一長吏の類たるにすぎずして」、自治を害する存在ではないからだ。日本の天皇は帝でも王でもないのだろうか。フイエー『理学沿革史』の兆民訳では共和政は民主の制となっている。

だがここまできて、ルソーはこれまでの社会契約論を一見ひっくり返すような詰問を読者に、いや人民に突きつけようとする。「立法者」である。しかしながら本来、法はそもそもこの政治体の結合の諸条件以外の何物でもない。だから、法に従う人民の集会が法の作り手でなければならないのは理の当然のはずある。兆民の民約訳解だって、これを敷衍して強調しているではないか。「律例なるものは民の相い共に約して為《つく》る条規たるに過ぎず。而して当に律例に循《したが》うべき者は、民を舎《お》きて別にその人あること無ければ、則ち当に律例を建立すべき者も、亦民を舎きて別に其の人あることなし」、と（一九八頁）。

だが今さらながら、ここにきてルソーは問うのだが、人民にそんなことができるのか。人民は常に幸福を欲するが、ほっておいても幸福がわかるとは限らない。目の見えない大衆が立法組織のような大事業を自ら実行できるものだろうか。一般意志は常に正しいが、これをどう導く判断をするか。個々人にはその意志と理性の一致を強制し、公衆にはその欲するところを教え啓蒙しなければならないのだ。ルソーはこんな風にあれこれ大衆をあげつらったうえで、人民とは別の「立法者」の必要性に話を持っていくのである。「制作者を須《ま》たざる可からざる所以なり」（兆民訳）。

一読、おやおやと思わせるようなルソーの論の運びである。「読者おそらく解し難きに苦しまん」と兆民はコメントし、さらに文意が極めて錯綜しているとして、「或は理の相い容れざるもの有りと為すを免れず。読者再思を致せ」。こう記して民約訳解全体を閉じている。訳解はさじを投げた格好で終わる。

だが、ルソーである。先に私は契約共同体の規定がルソーの思考実験だと繰り返してきたが、ここにきてこれを法として与える立法者を想定したと見てもいいだろう。逆に言えば、最後に立法者を藪から棒に登場させねばならないほどに、ルソーの社会契約論は荒唐無稽なのであった。

実際には、ルソーはギリシャのフィロンなどを例として挙げているが、明治初期の日本でどんな人物を立法者（法の制作者）としてイメージできたろうか。ルソーの論じる大衆の蒙昧さと立法者の必要性からみて、封建制から解放されたばかりの日本人民の現実に思いを寄せずにはすまなかったろう。いや、兆民が民約訳解を世に出した後の明治一五年には、すでに国会と憲法の下賜が約束されており、これに伴い自由民権運動は自滅していたのである。以下の立法者に関する記述は、伊藤博文など明治の「立法者」にたいする嫌がらせとでも読もうか。

ともかくも、法に続くこの立法者の章で、かの「ルソー問題」はその頂点に達することになる。以降はもう兆民訳が存在しないが、立法者の立ち位置を垣間見ておきたい。

立法者は、あらゆる点で、国家において異常の人である。彼は、その天才によって異常でなければならないが、その職務によってもやはりそうなのである。それは、行政機関でもなければ、主権でもない。共和国をつくるこの職務は、その憲法には含まれない。それは、人間の国とは何ら共通点のない、特別で優越した仕事なのである。なぜなら、もし人々を支配するものが、法を支配してはならないのなら、法を支配するものは、やはり人々を支配してはならないのだから。もしそうでなければ、彼の法は、彼の情念のしもべとなって、多くの場合彼の不正を永続化させるだけにすぎないだろう。そして、彼は、彼の特殊な見解が彼の作品の神聖さをそこねることを、決して避けえないだろう。（1・7、63）

こうして立法者による立法とは立法権ではない。一国の創始者となることはできない。彼の仕事は人間の力を越えた企てであり、しかもそのために無に等しい権力しか持っていない。そもそも、個別利害にのみとらわれた人民は、立法者の言葉を理解できない。むしろ、生まれたばかりの人民が、すでにして法の生れる前に、法によってなるべきものになっていることが必要なのだ。だから、立法者は神に語らせる。「立法者は、人間から彼自身の固有の力を取り上げ、彼自身にとってこれまで縁のなかった力、他の人間たちの助けをかりなければ使えないところの力を与えなければならない」。ここで「人間の固有の力」とは契約以前、自然状態における各人の欲望のことである。かのマルクスが市民社会の市民の欲望として引用した言葉である。

ルソーは立法者の例としてソロンのほかギリシャのリクルゴスや自国（ジュネーヴ共和国）のカルヴィンを挙げている。だが、この極東の島国でルソーの言葉に接するとき、場違いにも万世一系の天皇の存在に思い至るのを避けるのはむつかしい。と言っても、明治天皇であれ歴史上の誰であれ、天皇とは個別存在ではなく抽象的な存在である。政治にも私権にも関わらず、天皇は人間にしてかつ神である。その存在を国家法人の最高機関、国民のただの象徴、主権者、独裁者、革命の大首領など、どのように規定しようと、国民の通念では天皇は天壌無窮の立法者であり人間の国には属さない。天皇の下すお言葉は神の言葉であり、人民はこれを理解したうえでこれに服するのではない。すでに国の始め、天皇が祖神から国を譲られたときに、臣民は法によってなるべき者となったのである。この君民共治の国柄こそ天皇を戴く日本の「国体」である。「人格的共存共栄の道」（里見岸雄）だ。

ルソーが書いている。

> もろもろの国民に適する、社会についての最上の規則を見つけるためには、すぐれた知性が必要である。その知性は、人間のすべての情熱をよく知っていて、しかもそのいずれにも動かされず、われわれの性質を知りぬいていながら、それにもかかわらずわれわれの幸福のために喜んで心をくだき、最後に、時代の進歩のかなたに栄光を用意しながらも、一つの世紀において働き、後の世紀において楽しむことができる、そういう知性でなければなるまい。人々に法を与えるには、神々が必要であろう。（2・7、61－62）

日本の国体と言えば、そもそもルソーの民約共同体につなげて想起せざるをえない。国の規模の大小など関係ない。政治的かつ倫理的な共同体のことだ。すでに幾度も指摘してきたことである。日本の国体論の公約数は天皇親政をイメージしていたが、天皇は独裁者でもただのシンボルでもなく、その中間に広いスペクトルをなして遍在していた。天皇親政は万民平等に人民が天皇に直参する共同体であった。でたらめでいい加減、あるいは天皇への盲目的服従までを包含しうるのが天皇親政である。

ルソーも述べている。

一つの人民に制度を与えようとあえてくわだてるほどの人は、いわば人間性をかえる力があり、それ自体で一つの完全で、孤立した全体であるところの各個人を、より大きな全体の部分にかえ、その個人がいわばその生命と存在とをそこから受けとるようにすることができ、人間の骨組みをかえてもっと強くすることができ、われわれみなが自然から受けとった身体的にして独立な存在に、部分的にして精神的な存在をおきかえることができる、という確信をもつ人であるべきだ。(2・7、62)

付け加えるが、社会契約論は最終章で突然「市民の宗教」なるものに言及している。ルソーの政治体が同時に強く倫理的なものであれば、当然そこに宗教が絡んでくる。現実にはキリスト教、その教会と牧師という集団がある。ルソーは概してこの排他的な民族宗教にたいして批判的であり、今ではもはや存在しえないと認めている。それに、ここで社会契約に立ち返って原理的に考察するに、主権者の臣民にたいする権利は共同体に関わる限りのことである。だから、宗教に関しては臣民は好むままの意見を持っていい。それは主権者の関知すべきところではない。主権者は彼岸の世界についてはなんの権限も持たない。市民が来世においていかなるめぐり合わせに会おうが、それは主権者のあずかり知らぬことだ。

しかし、とはいえと、ルソーは続ける。「主権者がその項目をきめるべき、純粋に市民的な信仰告白がある」のだ(4・8、191)。厳密に宗教の教理としてではないが、「それなくしてはよき市民、忠実な臣民たりえぬ、社交性の感情として」市民の宗教が存在する。「それを信じることを何びとも強制することはできないけれども、主権者は、彼ら（非市民）を、不信心な人間としてでなく、非社交的人間として、法と正義を誠実に愛することのできぬものとして、また必要に際してその生命を自己の義務にささげることのできぬものとして、追放することができる」。「もし、この教理を公けに受けいれたあとで、これを信ぜぬかのように行動するものがあれば、死をもって罰せられるべきである。彼は、最大の罪を犯したのだ、法の前にいつわったのである」。この箇所の兆民訳はもっと直接的である（フイエー『理学沿革史』訳）。

既に此の如くにして一種の国教を建設するときは、政府は当に之を国中に公布し然後若し之を奉ぜざる者有るときは当さに之を境外に斥逐す可し。然る所以の者は其必ずしも神を冒瀆するが為めならずして、専ら其国人たるの名義に反して衆と相親しむ可らざる為なり。若し人あり公けに国教を奉ずるの意を陳し、既にして其自ら処すること少も之を奉ぜざるが如くにして其教条に背戻するときは、宜しく之を死に抵して宥すこと無かる可し。他無し、彼れ此の如くにして全国人を欺瞞し而して其罪たる尤も重大なる以てなり。（全集8、二六二頁）

こう言っておいて、市民宗教の否定的教理はただ一つ、「不寛容」の否定にほかならないとまでルソーは断じるのである。ここにもまた、昭和の危機の時代に、天皇が排他的な国民信仰にまで高じていった歴史に連想が行く。市民宗教とは政治体の一般意志の一つの形である。そして日本国体という政治共同体は、各人の信仰告白と相互監視による社交性の強要、非国民の排除という「市民の宗教」により支えられていたのである。

政府は主権者の公僕

だが繰り返すようだが、今回私が社会契約論を再読したのもルソーの契約共同体、あるいはそこから連想する日本国体と天皇のことではない。これとは少し違う関心、つまりルソーの政府論のことだ。社会契約による最初の政治体、政治的で倫理的な共同体（国体）のうちに存立すべき政府の在り方である。社会契約論をたどってようやくここにたどり着いた。もう兆民訳のルソーから離れるけれども、この観点から社会契約論の第三篇政府論を摘要していきたい。自由民権運動における国会論と憲法論とがこの点にこそ関わっていたからである。

政府といえば、今日では国民主権の執行機関（行政府）とイメージされるだろう。ルソー的には、国民の一般意志は国法（憲法）として表現されており、法は人民の一致した翼賛に支えられかつ個々人の行為を法の下に束縛している。これが「国体」の精神である。すでに見てきたように、ルソーによれば、いかなるものであれこの政治体には本来部分集団があってはならないのである。だが、今や政府のことだ。これまではこの言葉には十分な説明が与えられてこなかったから、以下の章は落ち着いて注意深く読まなければならないと、ルソーは第三篇の冒頭でわざわざ読者に断りを入れている。

ルソーの理屈では、どんな自由な行為もその意志だけでなくこれを実行する力が伴わねばならない。政治体にとっても同じこと、前者が立法権だが、後者の力が執行権である。だが、立法権は人民に属しそれ以外ではありえないが、執行権は立法者あるいは主権者としての人民一般には属しえないものである。「執行権は、特殊行為からのみなるものであり、法律そのものの領域外にあり、従って、そのあらゆる行為が法律とならざるをえない主権者の領域外にある」。ここで主権者の領域を「国体」と呼ぶとすれば、執行権はその運用としての機関、「政体」になろう。実際、この章以降に政体という言葉が初めて登場する。執行権は立法者あるいは主権者としての人民一般には属しえない。それは特殊行為のみからなるものであり、法律そのものと主権者の「領域外」のことだ（3・1、84）。

このように、政府（執行権）は本来ルソーの政治体内部の部分集団ではないのである。だからこう言われている。「政府は不当にも主権者と混同されているが、政府は主権者の公僕にすぎない」。政府とは「臣民と主権者との間の相互の連絡のために設けられ、法律の執行と市民的および政治的自由の維持を任務とする一つの仲介団体である」。なるほど、「臣民と主権者の間」という政府の位置は微妙なところだが、政府が主権者の領域外に存在するという根本規定は重大である。人民がルソーの政治体をあたかも初めてのように創出したとして、あらためて彼ら自身の政府をどう作ればいいのか。それればかりではない。彼らに敵対する従来の政府にたいしていかなる態度を取るべきか、直ちに決定が迫られることがある。この後者の問題は今日に至るまで、コミューン蜂起の多くが経験することであり、はるかに自由民権運動結社が、時の藩閥政府にたいする態度決定を迫られることにもなるのである。これもルソーが後の世代に残した厄介な宿題である。

さらに厄介なことに、ルソーの政府の主催者つまり行政官は、一般には「王」とか「支配者」あるいは「統治者」と呼ばれる。だが、人民が一人の首長に服従する行為は決して契約ではない。「この行為は、全く委任もしくは雇い入れにすぎないのであって、その場合首長は、主権者のたんなる役人として、主権者から委ねられた権力を、主権者の名において行使しているのであり、主権者は、この権力を、すきな時に制限し、変更し取りもどすことができる。というのも、このような権利を譲渡することは社会体（政治体）の本性と両立せず、結合の目的にも反するからである」。一言でいえば、「人民を政府の犠牲にするのではなく、いつも進んで政府を人民のために犠牲にすることである」（3・1、89）。

やれやれと、ここでもまずは嘆息しておこう。以降の章は政府の形態つまり国体でなく政体に関する議論であり、パスしていいだろう。ただ、藩閥政府の弾圧下にあった民権結社の者たちが、ルソーの政府論を拠り所にしたことはむべなるかなである。兆民の国会論にも愛国社の政治思想にも先に見たとおりである。そして同時に、ルソーの政府論は福沢系の議員内閣制の英国モデルとは水と油になる。なお、人民主権の代表者であるべき国会と選挙、あるいは憲法に関するルソーの論説はここにはない。

人民の集会

さて、政府は堕落しやすい。主権にたいして不断に対抗しようと努めるものだからだ（3・10、120）。遅かれ早かれ、統治者がついに主権者を圧迫し、社会契約を破棄するときがくるに違いない。政府が君主制、貴族制あるいは民主政体であっても同じこと、これは避けがたい内的な悪である。政治体は死ぬ。ルソーはこう指摘したうえで、主権を維持するにはどうすべきかと問うている。そして答えは単刀直入、人民の集会だ。人民は集会したときにだけ主権者として行動できる。「とんでもない空想だ！」と読者は叫び出すかもしれない。だが、かつて偉大なローマ共和国では、人民が集会しなかった週はほとんどなく、それどころか、週に数回も集会していたではないか。集会では政府の裁判権は停止され執行権は中絶され、最下層の市民の身体も、最上級の行政官の身体と同じく神聖で不可侵なものとなるのだ。代表される者が自ら出席している集会では、もはや代表者は存在しないからだ。

一方、統治権が停止される人民の集会は「つねに統治者にとって、恐ろしいものであった」。そこで反動的にも発明されたのが人民の代表者、代議士にほかならない。「会議に行かねばならないというのか？」。市民たちは代議士を指名して自分は家に残り、祖国を売り渡すために代議士を持つにいたる。祖国愛の減退、私的な利益活動、国家の拡大、征服、政府の悪弊などが、国民の集会において、人民の代議士または代表者というやり方を考えつかせたのである。議会ではない。人民の集会というルソーのキーコンセプトがここでも登場する。そして名高い「革命的民主主義」の高唱がこれにつながられる。これはまた社会契約論の理論的サマリーをなすものでもあり、こう言われる。

主権は譲り渡されえない、これと同じ理由によって、主権は代表されえない。主権は本質上、一般意志のなかに存する。しかも、一般意志はけっして代表されるものではない。一般意志はそれ自体であるか、それとも、別のものであるかであって、決してそこには中間はない。人民の代議士は、だから一般意志の代表者ではないし、代表者たりえない。彼らは人民の使用人でしかない。彼らは、何ひとつとして決定的な取りきめをなしえない。人民がみずから承認したものでない法律は、すべて無効であり、断じて法律ではない。イギリスの人民は自由だと思っているが、それは大まちがいだ。彼らが自由なのは、議員を選挙する間だけのことで、議員が選ばれるやいなや、イギリス人民はドレイとなり、無に帰してしまう。(3・15、133)

社会契約の維持というほかに何の目的も持たない人民集会は、最後に必ず二つの提案を提出するのだという。第一議案、「主権者は、政府の現在の形態を保持したいと思うか」。第二議案、「人民は、現に行政をまかされている人々に、今後もそれをまかせたいと思うか」。いずれの場合も、人民の集会は最後に政府行政に断を下す。議会制民主主義の政体が行き渡っている現代では、ルソーの人民主権の主張は大時代的で過激に響くだろう。本人が認めている。「すべてをよく検討すると、都市国家がきわめて小さくないかぎり、主権者が、その権利の行使を保持することは、われわれの国では今後は不可能である、とわたしは思う」。(同、136)

けれども、私がルソーの人民集会を聞いて思い至るのは、弊害を見せている民主主義体制の蘇生ということではない。ルソーはローマの民会を理想的事例として詳しく論じているが、私は歴史的関心から民衆集会の功罪に関心があるのでもない。民主主義であれ何であれ、与えられた政体の下で政府に反対する民衆の蜂起が起きたとする。都市であれ農村であれ、また規模の大小を問わない。右でも左でもない。私の言う大衆反乱である。そして、蜂起は必ず全員参加の集会を持つ。地区ごと夜ごとに集会を繰り返す。議論は「自分たちは何者なのだ」ということであり、全員によるその都度の主権者としての自己確認になる。蜂起の夜には、あたかも新たなもののごとくに民衆はその政治体を創出する。「はじまりのとき」（ハンナ・アレント）である。思いもかけぬ政治体の再度の盟約であり、ときには政治体は新しい国家と呼ばれるかもしれないのである。

初めての人民集会では、ルソーの政治体の諸特徴のすべてが経験される。焦点は蜂起の直接の目的ばかりではない。これが新たな政治体の始まりであるがために、集会は政治体の倫理的強度を高め、そして同時に、政治的な脆さと無能とをさらすことにもなる。集会はいつ果てるとも知らない。堕落した現体制にたいするカンフル剤としてルソーの直接民主主義論を服用するのではない。反乱が繰返される限り、その都度ルソーの呼びかけが聞こえてくるはずである。

樫の木の下の国家

たしかに、ルソー自身はこんな事態を予期してはいなかった。彼の故郷ジュネーブのような小国家、あるいは憲法制定に関わったというコルシカ島などが契約政治体のモデルだった。ジュネーブを構成する地区（コミューン）の自治について、かの『米欧同覧実記』が共感を込めて言及している。「樫の木の下の国家」と以前私が呼んだルソーの国家イメージである。こんな風だ。

多くの人間が結合して、一体をなしているとみずから考えているかぎり、彼らは、共同の保存と全員の幸福にかかわる、ただ一つの意志しかもっていない。その時には、国家のあらゆる原動力は、強力で単純であり、国家の格率ははっきりとして、光りかがやいている。利害の混乱や矛盾はまったくない。共同の幸福は、いたるところに、明かにあらわれており、常識さえあれば、誰でもそれを見分けることができる。平和、団結、平等は、政治的なかけひきの敵である。正直で単純な人間は、単純さのゆえに、だまされにくい。術策や〔巧みな〕口実をもってしても、彼らをだますことはできない。彼らは、あざむかれるだけのずるさもない。世界中で、もっとも幸福な国民の間で、農民の群れがカシの木の下で、国家の諸問題を決定し、いつも賢明にふるまっているのを見るとき、他の国民の、洗練されたやり方を軽べつせずにおられようか？　それらの国民は、数多くの技術と神秘によって、有名になったが、不幸にもなったのである。（4・1、144）

日本でも、こうした田舎くさく懐かしい郷土（パトリ）の面影が、喧しい国体論の背景に揺曳していただろう。権藤成卿の社稷論もあったし、この社稷は穏やかなものであった。それでいて、「上官先達の敗徳に対しては民衆互いに相鼓唱してその責を鳴らし、これが政治圏外に駆逐するのが当然である」と権藤は断っている（『自治民政理』）。社稷自治論は昭和に入っても青年将校たちに訴えるところが大いにあったのである。「輪中意識は農民の意識である。横には地理的に、縦には歴史的に自然発生的に流れてゐる一つの団結的精神である。愛郷心である。種族の本能に根ざす。時ありては英雄的に激発する農民の精神である」（大岸頼好「全日本的輪中意識」）。

兆民の明治ではどうだったろうか。天下り的に急遽廃止されたそれぞれの藩に、士族たちは愛郷の思いを残していたかもしれない。しかしだからと言って、明治の代とて「ルソー問題」をなしにすることはできないのである。兆民の知らない昭和の御代となればなおのことである。

『民約論』草稿（明治七年）は兆民の家塾「仏蘭西学舎」（同八年東京で開校、後に仏学塾）でテキストとされ、塾生たちに筆写回覧されて次第に流布されていった。この学舎も順調に伸びていったようである。明治十年に高知を訪ねた河野広中が板垣退助に勧められて、植木枝盛のところでこれを披閲したと記している。地方民権家にも知られていたのだろう。そして、聞こえてくる民約論の反響といえば、すでにして激越かつ両極端に割れていたようである。熊本の宮崎八郎（宮崎滔天の兄）は明治八年に上京して兆民の講義を聞いたという。その「読民約論」と題する漢詩は微笑ましい。「天下朦朧皆夢魂　危言独欲貫乾坤　誰知凄月悲風底　泣読盧騒民約論」（天下朦朧みな夢ごこちなるに　危言独り乾坤を貫かんと欲す　誰か知る凄月悲風のもと　泣きつつ読む盧騒民約論）。宮崎はその後西南戦争に投じて戦死した。

　これと対照的なのは同じ熊本出身の井上毅である。「政論の詭激なるもの実に淵源を欧州に発す。社会は民約に始ると謂ひ、主権は国民に存すと謂ひ、法は衆庶の好欲に成ると謂ふ。其言の神奇痛快にして刺激煽動の勢に便なるを以ての故と、一時人心に感漸し、潰裂奔盪抑遏《かいれつほんとうよくあつ》す可らず」（兆民全集第一巻解題）。これは政変の起こる明治一四年、初期自由民権運動の敗北を画する年の発言である。そして井上といえば、すでに伊藤博文の理論的懐刀となっており、いわゆる明治憲法体制の生みの親とも言うべき人物である。自由民権思想の最も手ごわいライバルであった。それにしても、人は弱年にしてこうも枝分かれしていくものか。

さて以上で、私はできるだけ兆民の、従って明治初期の青年たちの目から見るように心がけて、ルソーの社会契約論を通覧してきた。いうまでもなく、この極東の島国でおよそ一世紀を経て紹介されたルソーであったが、フランス革命がルソーを迎えたようにいくはずもなかった。だが、民約訳解は中江兆民に「東洋のルソー」という評判を与えただけだったのか。そうではない。ルソーは兆民を通じて自由民権運動の始まりに明かな痕跡を残している。自由と平等の説、というだけではない。とりわけ、社会契約による政治体の概念の自立、そしてこれに従属する政府・議会・代議士の位置づけのことである。ルソーの影響としてこれは取り立てて意識されていなかったかも知れない。また、初期民権運動は自身に関する明確な自覚も持ち得ずに、すでに自壊していた。しかしそれでいて、明治開化の一瞬におけるこの出来事が、その後の明治憲法体制の歴史に潜伏し底流をなしていくことになる。

8　政論、沖天の勢い　兆民の民権運動

死灰の再燃

今は昔しになりにける。回顧すれば、かの多数の小政治家、小哲学者、小愛国者、小英雄らの飛躍跳梁したる明治十四、五年の世界は、今いづくにある。ああ気楽なるかな在野の自称政治家よ、雷のごとくに吼え、虎のごとくに哮《たけ》りたる人々も、今は早や春眠暁を覚えず、よくも酣睡《かんすい》しけるかな。もし吾人をして遠慮なく、在野党の現今情況を評せしめば、ほとんど「死灰すでに寒くいずくんぞまた燃えん」の有様と云わざるべからず。（徳富蘇峰、「国民之友」、明治二〇年四月一五日）

さしも静恬《せいてん》平穏なりし政治世界も一時為に大に攪擾せられ、都下の人心洶々《きょうきょう》として遂に延いて遍く全国に及び、各地の志士相共に奮励し俄かに会議を開らき、討論考察の末競うて建白書を認め、地租の軽減・三条例の改正・憲法の発布等を旨趣とし、総代を選びて続々都下に出で、朝たに元老院の門を叩き暮に大臣の邸を訪いし者、相期せずして其幾何県なるを知らず。（東雲新聞、明治二一年二月五日、全集14，一六四頁）

明治二〇年から翌年にかけて、自由民権運動が再度の盛り上がりを見せた。ここに蘇峰と兆民の記事を並べて見れば、運動の再興は死灰の再燃のごとくにいかにも唐突であった。この転換を契機に、政論家兆民は初めて実践活動に乗り出すこととなる。

底流には、いよいよ差し迫った国会の開設がある。さらに、憲法制定の問題があった。伊藤博文らの憲法調査団が渡欧する。すでに政府では井上毅らが秘密裏に憲法起草に着手しており、これは周知の事実であった。民権派にとっては、憲法はたとえ欽定であっても国会の議にかけるべきものと考えられてきたのだが、漏れ聞こえてくる政府案の内容はとうてい立憲的とは言えない。こうした中で、一四年の政変以来くすぶっていた民権運動の余燼がかき回され、再燃する素地があったであろう。

それに、伊藤内閣への大隅重信の入閣というニュースが聞こえてきた。一瞬深い感慨に捉われて記したのが、今引用した兆民の記事である。大隅といえば一四年の政変で伊藤内閣の参議を追われ、その後は立憲改進党党首として野にあった。よくぞ再びという思いに兆民はとらえられたのだろう、大隅に寄せる期待を好意的に表明している。「大隅伯は必ず進一歩の政策を進めるだろう。かつて改進党の首領だった時、伯のもとに参じて党勢拡大に努めた人びとというのは、皆泰西現今の政治を深く待望して、演説に新聞に力を込めてこれを鼓唱していたのだから、伯の政策は必ずや人目を刮するに足るものとなろう」。

この記事には、かつての改進党の知識人たち、福沢諭吉と交詢社系の人々にたいする兆民の皮肉が感じ取れなくはない。今後の兆民の政治活動にとって、いやむしろ明治の政治史にとって、この改進党なるは何者なのか。大隅重信とは何者だったのか。これらはまさに私自身にとっても、問われ続けていく疑惑となるだろう。あらかじめここに付け加えておきたいが、伊藤内閣での条約改定交渉は次の黒田清隆内閣に引き継がれて、これを大隅が担当することになる。そして大隅案がまた大騒動を引き起こす。二一年末には自身が爆弾テロにより負傷し、大隅条約改定交渉は打ち切りを余儀なくされた。これがまた、大同団結運動における改進党と自由党系との深い亀裂につながることになるのである。翌年二月には、今度は大同団結運動の旗頭、自由党の後藤象二郎が入閣する。一体どうなっているのだ。

三大事件建白運動

いや、それはともかくとして、兆民の記事が指摘する全国各地の有志の蜂起のことだ。蜂起は自由民権運動の灰燼のうちから、あたかも唐突に発生したようであった。蘇峰が「死灰すでに寒くいずくんぞまた燃えん」と書いてから、わずか三か月しかたっていない。しかも、きっかけは思いがけないところから来た。伊藤内閣の条約改定交渉にたいする谷干城農商務相の抗議辞任である（明治二〇年七月二八日）。谷の意見書は直接には無論、政府の対英条約改定交渉の軟弱に反発した国権主義的なものだった。条約改正は言うまでもなく明治政府成立以来の悲願であり、輿論の注目度も高い。伊藤内閣では井上馨外相が改定案につき諸外国との合意にこぎつけたのが二〇年四月のことだった。ところが改定案には、1、外国籍の判事・検事を任用する、2、外国人の関係する民事訴訟では裁判官の多数は外国人を当てる、3、刑事事件の予審でも外国人裁判官が当たることなどが、依然として残されていた。これが民情を刺激した。司法省顧問ボアソナードによる反対意見書があり、谷干城の辞任などが相次ぐ。条約改定会議は延期され、井上は九月に辞任を余儀なくされたのである。

ところが、谷の抗議は条約改定問題ばかりか、この間の行政改革、地租軽減、そして言論集会の自由の三点に及ぶものだった。「痛く政費を省き、中央集権の偏重を断ち、節倹を本とし、国家の大本なる民力を休養する事を務むべきなり」。加えて、国会開設を迎えるにあたっての、言論、集会、出版の自由の要求が来る。以上は、条約改定問題を含めて、民権派の三大事件建白運動のスローガンそのものとなる。

実際、高知県から租税軽減・言論集会の自由・外交失策の挽回を急務とした建白書が提出される。同時に全国の有志たちが蹶起上京して、意見書建白書を元老院などに提出する。運動は、兆民が記したように、二〇年の秋口にかけて全国蜂起の様相を見せる。これらの民権派全国運動は三大事件建白運動と呼ばれ、これは直ちに専制政府批判へと拡大していった。年末、一二月一五日には、二府一八県の総代九〇余名が集会し、建白書を元老院に提出したという。

政府も黙ってはいない。伊藤は地方長官を招集して、以下三項の厳重取り締まりを訓示した（九月二八日）。憲法の親裁に異議を唱えること、租税及び兵役の二大義務を怠らしめること、外交案件を人民の公議に付すること。内務大臣山県有朋が請願建白の罰則規定を厳守するように命じた。そしてとどのつまりの年末の保安条例であった。これにより四五一名に及ぶ民権家が「皇居外三里の地」へと追放された。首都追放の刑罰とは、明らかに上京した地方結社の者たちを狙い撃ちにするものだった。加えて、兆民などもこれに含まれていたのである。

兆民の弟子のひとりに言わせれば、保安条例による運動の弾圧は伊藤博文による「クー、デ、ター」

であった（「国民之友」、明治二一年二月三日）。兆民自身は年末ぎりぎり三〇日に大阪へと下って行った。そこで東雲新聞の主筆に迎えられ、以降この新聞を舞台にして兆民の政論記事が爆発することになる。

さて、この時期の三大事件建白運動のことを、私は先の自由民権運動の再興と見なしてきた。ここに具体例を見ておきたい。新潟県の民権結社のケースであり、代表として建白に上京する西潟為蔵の回顧録『雪月花』が残されている。そのやや詳しい紹介が坂野潤治の『明治デモクラシー』にあり、一四年政変以前の地方結社の行動を彷彿させる。ここ新潟の結社にその再興をみる以上、ぜひこれを要約する形で使わせてもらいたい。西潟為蔵は自由党結党（明治一四年）以来の党員であったが、六年後の明治二〇年一一月一〇日、建白書を携えて新潟を発った。西潟は県の旧自由党支部と改進党支部が合同した有志者協議会において上京委員として選出され、旅費滞在費を支給されている。地元では七町五反の農地を有する地主であった。西潟が上京委員に選ばれたのは一〇月二九日の協議会であったが、これには三六人が出席した。それぞれ個人ではなく地区の支部からの代表である。ここで選挙によって上京委員三名が選ばれた。続いて西潟は記している。「後ち宴会を開催す。頗る盛会なり。午後一時政談演説会を劇場千歳座に開き、臨席す。無事なり。五時堀田楼において再懇親会を催し、八時散会す」。坂野も注意しているように、協議会の後に委員たちで昼食、午後は参加者を広げての演説会であり、終わって皆で懇親会を持ったのである。

西潟為三は丸三日半の真冬の旅を終えて一三日夜に上野着、翌日には星亭を訪問、星が準備中の「公論新報」に資金カンパ、さらに星から憲法論の秘密出版物二〇〇部を購入している。西潟たち各県代表は関東、東北・北陸、甲信・東海、それに近畿・四国の四ブロックごとに元老院に押しかけた。

先にも触れたが、一二月一五日になると、各県の正式代表九一人だけが建白書に署名し、これを各県一名の代表団が元老院に持って行ったという。西潟らはさらに、全国有志大懇親会に参加した。「十五日午前十一時浅草鷗遊館全国有志懇親会に列す。来会者三百余名。午後二時開会。後藤伯、星亨、末広重恭ら席上演説す。一大盛会なり。七時散会す」。なお、この末広は改進党の重鎮である。そして、年末、保安条例により西潟為蔵も東京から追放となった。

たしかに、この新潟県の民権結社の行動スタイルを見れば、明治一三年の国会期成同盟の蜂起を踏襲しているのは明らかだ。兆民が書いていたが、「地租の軽減・三条例の改正・憲法の発布等を旨趣とし、総代を選びて続々都下に出で、朝たに元老院の門を叩き暮に大臣の邸を訪いし者、相期せずして其幾何県なるを知らず」。こうした様相であったろう。三大事件建白運動である。

大同団結運動

さて、ではこの民権運動の一時的な再興期に、大都会にあった者たちは兆民を含めてこれにどう応えようとしていただろうか。大同団結運動と呼ばれる。兆民はここで初めて民権運動に身を投じることになる。民権各派の大同団結をめざす大懇親会に参加するばかりか、その発起人に名前を連ねている。

「ネー、オ互ヒニ兄弟喧嘩ヲ止メマセウ、兄弟喧嘩ヲスル時ジヤアリマスマイ」。

明治一九年一〇月二四日、全国有志大懇親会が東京で開催され全国から二五〇余名が参集した。この会の発起人は星亨と末広重恭、加えて兆民も名を連ねている。ここらあたりから民権派の全国運動が再興され、翌二一年にかけて頂点を迎えるのだが、同時に理論書の筆を置いて兆民が運動の現場に顔を出す機会ともなった。この懇親会で星は訴えた、国会開設が四年後に控えている。一四年政変以降の内部抗争を克服して「小異を捨てて大同に就く」べしと。意図するところは自由と改進両党派の大同団結であったが、これは容易ならざる課題であった。今回も改進党は参加を見合わせている。同様の懇親会は全国各地で開催されるようになり、今引用した「兄弟喧嘩は止めましょう」の発言も、長野県で開かれた信濃大懇親会に出席した時の兆民のものである（全集17、一八一頁）。自他ともに認める演説下手の兆民は、こんなまあまあ演説をしているが、事実、民権諸党派諸人士の「大同団結」の斡旋人として登場する。

先にも紹介したように、この時期に再興された民権結社の運動は三大事件建白運動と呼ばれるが、言うところの「相期せずして其幾何県たるを知らず」のこの運動は、兆民にとっては同時に陣営内の大同団結運動でもあったわけだ。兆民初めての運動参加はその渦中の一派の先導役というより、政変以来分裂状態にある民権派に「兄弟喧嘩は止めましょう」と介入する役である。文筆家知識人としての外部介入、お節介でなかったかどうか。それに、民権派の分裂はその後も宿痾のように持ち越され、遂にはすべてが伊藤博文の政友会に飲み込まれて終わるのである。兆民の政治は徒労であったが、その跡を追っていきたい。

大同団結運動も当然地方の民権結社の運動を基盤にしたものであり、これと重なっていた。例えば大阪、この地の有志懇親会は明治二〇年五月一五日に開催されたが、板垣や星が出席して、星はここでも大同団結を訴えた。東雲新聞も土佐派と大阪自由党系人士との協力により誕生したものだという。土佐派といえばもとより今回もまた建白運動のはしりを務めた高知自由党である。また、大同運動の勧進元の後藤象二郎は、二一年七月から八月にかけて、五〇日に及ぶ北陸・東北遊説を敢行した。夏の盛り、当時の交通事情からしても、大変な行脚であった。この遊説の目標は建白運動のオルグではなく、端的に、来るべき衆議院総選挙に向けた民党後援会の組織化であったとされる。だから釘をさす。「党委員一同必死となり、昼夜運動して休まざる如きは、決して永続きすべきものにあらず。その首領もしくは委員を除くの外は、党員一同各自の本業を廃し昼夜専門に運動する必要なきなり」(自由党史、下三六二頁)。しかし、こうした訴えは大衆運動であれば常識であって、ことさらに建白に上京したような「首領もしくは委員」を排除する意図ではない。むしろ、地方の「党員一同」の総動員の呼びかけである。大同団結運動が都会の知識人の運動であり、地方結社の建白運動と切れていた証拠などにはならない。

水と油？　建白と大同団結

ところが、同時に始った二つの運動、三大事件建白と大同団結との関係に関しては、ここで検討しておくべき問題がある。「もう兄弟喧嘩を止めましょう」と、大同団結運動に介入した兆民の動きを評価するうえでも避けては通れない。

というのも、二つの運動は別であるばかりか、政治運動としては水と油の排他的性格のものだったと、先の本で坂野潤治がくどいほどに強調している。ことは自由民権運動、そしてこれと兆民との関係に関わること、要するに坂野の「明治デモクラシー」の評価にもつながる問題である。だから以下に寄り道する、いや寄り道とは受け取らないで頂きたい。坂野潤治は書いている。「両運動は最初から水と油のような関係にあった。運動方針の面でも、前者(三大事件建白運動)は短期決戦、後者(大同団結運動)は三年後の総選挙にかける準備運動論であった。さらに言えば、前者は全国人民の意思表示を最重視する点でかつての愛国社グループのルソー主義的主張の後継者であり、後者すなわち大同団結派は、イギリス流の二大政党制を目指す点で、人的にはともかく、理論的には福沢諭吉や交詢社の流れを汲むものであった」(『明治デモクラシー』、九八頁)。

坂野潤治がこのように運動を二分する根拠はどこにあるのか。まずは、改進党系の末広重恭の発言だが、「運動は秘密でこそこそでも逆に爆裂弾でもいけない。「青天白日に政事上の勝敗を決する様にいたしたい」、「ドコまでも一国の輿論を呼び起し、平和の手段により政事上の改革を成就」する。だが、このどこがイギリス流なのか。坂野が注釈するが、建白運動は元老院などに建白書を「押し付ける運動」だが、末広流は過激粗暴を嫌う穏健派である。これだって、双方の運動の内部で起こりうる傾向であって、指導者の意向の差ではない。両運動が、最初から別々の、しかも相対立する運動だったというのは、一般に抱かれている大同団結運動像とは大きく異なる」。坂野はこうも認めているが、自由民権の人民運動イコール民主主義の始まりとして持ち上げたうえで、大同団結運動の方を低く見る戦後歴史学に異議を唱えているのだろう。そんなことはかまわないが、坂野の大同団結論がもっぱら依拠するのが、徳富蘇峰の『国民之友』である点が気になる。改進党系の政治家・運動家の登場はない。兆民の政論も無視されている。
その蘇峰は論難する。今建白運動が十五、六年の運動を繰り返せんとすれば、結果も繰り返すほかはない。まさに時はきた、ここで意見書を出さない者は人後にあらずとし、「その意見の流行はコレラ疫のごとく、県より県に、家より家に、人より人に伝染せしめ、その意見書の主義目的も敢て問わず、何事によらず政府に反対するの意見書をば、山なすばかりに元老院の案上に堆《うずたか》くすべしとなし、……その眼中、明治政府なく、また二十三年の国会なく、あますところはただ自画自賛のうぬぼれ気象とせんか、……」。建白派にたいするさんざんな評価である。これとて、大衆運動にたいする識者のお節介として聞けばためになることだが、しかし、イギリス流二大政党制の運動方針とは関係がない。だが坂野が言うには、末広や蘇峰が建白運動と正面から対立したのは、「福沢諭吉や交詢社のイギリス型の二大政党制」を運動目標に掲げたからであった。旧改進党でなく、今や「大同団結派」にこれが継承されたのだと。蘇峰は先の論説に続けて書く。

この〔真成の〕輿論を作為するは他なし。現今に逼迫せる一の大主義を宣言し、この大主義の旗頭に全国人民の心を集るにあり。大主義とは何ぞや。責任宰相、議会内閣の主義、これなり。けだし現今において最も大切して、最も大いなる争いは、我邦をして独逸流の帝室内閣にするか、英国流の議会内閣にするかの一点に外ならず。……ゆえに吾人は、この主義の下に全国の人民を立たしめここに大いなる民間党を作り、……この勢力を以て二十三年の国会に乗り込み、快く民間党の勢力を議場に発揮して、敢て内閣諸公の一覧に供せんと思う。（坂野、同一〇二頁）

なるほど、これは英国者流の運動方針である。だが、周知のように、議会開設とともに超然主義藩閥内閣と民党（自由党と改進党）の対立という、英国流とはまるで異なる奇怪な政治構図が固まるのである。蘇峰の「大いなる民間党」はこれをどう打ち破るのか。打破できるのか、これに呑み込まれるか、民党の悪戦の歴史が今始まろうとしているのである。蘇峰の英国者流は一周遅れの、ノンキナ父さんの忠告でしかない。大いなる民間党とおっしゃるけれど、政党とは運動との関係において何なのか。その際にどうして党は分裂ばかり繰り返すのか。わが国における民権運動と自由党の経験はこの悪戦をすでに経験してきたのであり、それはもちろん不十分で不分明のままわだかまっており、他ならぬ兆民が今から直面せざるをえない現実なのである。徳富蘇峰の提言に坂野はしきりに感心しているけれど、はたして過激嫌悪の底意まるだしの「もっと穏やかに」との忠告以上のものであったかどうか。大同団結派後藤象二郎の地方遊説の一端は先に見たが、坂野はまたこの後藤をも蘇峰と同列の英国流としているが、その証拠はどこにも提示されていない。断わるまでもなく後藤象二郎は板垣の仲間であって、旧改進党系に転向したわけではない。保安条例下の後藤の遊説の実態は、「いわば鬼の居ぬ間の洗濯として旧自由党の地盤をわがものにするための地方遊説に乗り出した」のだとも坂野は述べている（一一六頁）。歴史学に首を突っ込む気はないが、不審なことである。

徳富蘇峰と兆民

徳富蘇峰についてはまた立ち帰りたいが、ここでひとまず兆民のことに話を戻す。実のところ、兆民が全国有志懇親会の発起人として大同団結運動に乗り出す明治二〇年は、理論的な著作を除いて、「兄弟喧嘩は止めましょう」以外に新聞雑誌に公けにされた政論がほとんどない。次いで東雲新聞時代になって、まずは兆民の運動論と呼べる論評が出る。「良、乱、勇、惰、四民の分析」である。いや、政論というより、政敵に真っ向対決する、これはもう長文のアジビラである。だからこそ見ておきたい。以下、切れ切れに追っていく（明治二一年三月、全集14、一七五頁）。

いやその前に一言。今政敵にたいするアジビラだと言ったが、この政敵こそ徳富蘇峰なのである。政敵といっても二人は古くからの知り合いであり、明治一〇年代から兆民はたびたび「国民之友」に寄稿もしている仲である。政敵というより論敵か、その蘇峰が書いた士族民権批判にたいする反論が、兆民のくだんの論稿の目論見なのだった。まず蘇峰の士族民権批判だが、「彼の輩が天下の為に奔走するは、身に直接の利害無くして、多くは他人の為に代言するに過ぎず」とする。「自らは一升の酒も造らずして酒税軽減の建白に奔走し、自らは掌大の田園も有せずして地租軽減の請願に従事し、……」と続ける。そして、「彼の士族なるものは、封建以来一国の運動力にして、この運動力なる者は、いわゆる「士族根性」より湧きくるものにして、すなわちこの「士族根性」が自由論の仮面を蒙りて出て来りたるのみ。……一国の進歩の為には、士族という一種の政治要素の速やかに分解消散せんことを願わざるを得ず」（全集14、資料5）。これに対照して、蘇峰が運動主体として推奨するのが「田舎紳士」であった。「他人よりもいまだ有力なりと認められず、自家においてもいまだ有力と認めずして、その勢力の漸々と政治上に膨張し来るものは、それただ田舎紳士なるかな」。来る国会において直接税十五円以上を納入して選挙人資格を得るのも、かかる田舎紳士であったろう。

だが、すでに一四年の政変までの地方民権家、これに続いて先の新潟の西潟為蔵などの者たちこそ、出自は田舎紳士そのものではないか。これを「良民」と呼び、対するに蘇峰のいわゆる士族民権家流を「勇民」として民権運動論を展開する。これが先の兆民論文「乱、良、勇、惰四民の分析」であった。

まず兆民は問う、「乱民」とは何者か。定見も定職もなく忍耐心もなく、ただただ騒乱により街上が修羅場となる一日を望んでいる。その挙句に、矢庭に爆裂弾を投げ散らし三尺刀を振り回さんとして、深慮も計算もなく盲進して、ついに法に触れて世間の物笑いになる。法律、道徳、経済、美術の道に反する者たちのことだ。蘇峰の非難した士族根性に通じるものが兆民の所謂「乱民」にはあったであろう。

だが、これら乱民をおだてる者だと、吾等を誹謗するなど断じて許さないと兆民が反撥する。吾等は「良民」、なかんずくその内でも進取の気性ある少壮の「勇民」を愛するのだ。ここで良民とは農民を始め社会に有益な事業に怠りのない者たちのことであり、家族の生活を守り租税を負担して国を守っている。とはいえ、社会は勇民抜きで良民だけで維持されているのではない。なぜなら、良民一般は政治に目を向ける余裕を持たない。社会をいかに構築し公正なものとし、また発展させるか、この一点は他の一種族の援助を受けざるを得ない、すなわち「勇民」である。出身階層のいかんによらず、自分のことは後回しし、ひたすら社会の公道（正道）を進め政府の弊をただし、外国からの屈辱を排除することを求める。これを以て生きこれを以て死し、身をもって政海に投じて一歩も引かない者たちだ。ああ、勇民なくして国は廃墟になろう、人民は畜生にも等しくなり果てるだろう。勇民こそはたちどころに、法律の許すところ道徳の命じるところに従い、口舌筆墨に托して社会と政府の不利不正に立ち向かう者だ。これをしも乱民の行いと見なすとは、広く人類を侮蔑するものではないか。

乱民か勇民か

ここで少々注釈を挟みたいが、徳富蘇峰の名前は兆民のこの論説には表立って現れることはない。というのも、「社会に乱党の生ぜざらんことを祈る」と題した「大阪日報」の記事（二月二三日）にたいする反論の形で、これが書かれている。「大阪日報」は主張する。無数の壮士の百鬼夜行、輿論と称して少数羨望の不平を漏らし、匹夫無銭の徒にして建白請願を口実に良民を脅かし、貧書生にして大臣に辞職を勧告するなど、今や乱党発生の兆候はすでに明白だとこの記事は非難を綴っている。乱党非難は蘇峰らの口調にそっくりだ。とりわけ面白いのは、今回の建白運動を一四年政変までの民権運動の再来だと危惧していることだ。「斯かる不祥不吉の事柄は四五年以前、會て世人の実験したる所にして彼も一時此も一時敢て意とするに足らずと雖も、乱党の死灰再び燃へ、濫りに公私の論場を騒がし、良民を蠱惑し」云々、「吾人復た之を撲滅するの労を取らざるを得ざるなり」と強調している（全集14、三四頁）。徳富蘇峰に言わせればこの輩が士族民権家になろう。

さて、兆民の論戦の続きだが、以上で乱民と勇民を区別したうえで、「大阪日報」かつ蘇峰に向って、兆民はアジビラの勢いを奮い立たせていく。その調子だけでもここに伝えたい。

試みに昨年、全国より意見書を持参して東京に繰り込んだ一事を見よ。これ良民と勇民との抱合によるものというべきである。大体、伊藤伯総理大臣はじめ皆かつて幕末に悲憤慷慨して、外人の跋扈に憤り、江戸に京都に奔走、死を挺して皇国を強めんとし、すなわち明治の昭代を開いた方々ではなかったか。今回どうして、条約改定の議事を中途で放擲する理などあろうか。今回憲章を提出した全国の在野の有志とは、すなわち勇民の意志の写像である。これ愛国の情ではないか、忠民の志ではないか、健気なる心意気ではないのか。

しかるに、人あるいは誹謗して言う。去年の意見書騒ぎは粗暴過激な少壮輩の意見であって良民のものではない。人民の窮乏を口実にしているが、真の窮民はほんの少数にすぎない。かの民権輩は当路の大臣の権勢贅沢を妬んでいるにすぎず、真の愛国忠民であるものか。要するに、意見書提出騒ぎは、乱を好み浮浪の子弟が土地の素封家を脅して金を巻き上げた上で、囂々《ごうごう》然と都に押し出したに過ぎない、と。

そうではない。政治世界の勇民があればこそ、経済世界の良民が身を委ねて社会の需要に応えているのではないのか。勇民が愛国の志を発して政府の先駆をなせばこそ、国の維持もできるというものだ。国に良民だけで勇民なしとすれば、我が国は諸外国の食い物になるだけである。我が日本国の大臣は良民だけを愛して勇民を憎むがごとく、姑息にして一時しのぎの人物であるはずがない。この勇民は天子宰相の敵か味方か、その心意気は愛すべきか憎むべきか、誰がこの勇民を指して乱民だなどというのか。

見よ、地方至る所農民の窮乏は覆うべからざる事実である。勇民は奮ってこの窮民のために哀と苦を以て担当大臣に請願しているのだ。誰が勇民の所業を指して良民の憂いをなすなどというのか。また、政府は三条例によって言論集会の自由を抑圧している。今や国会設立が一両年に差し迫っている。

そこで全国の志士が所見を交換し、公衆に広め、筆舌知識の力を込めて訴えようとしているのだ。要人諸氏がこの人民の意向に背くことがあってはならない。

以上に論じた通り、良民を愛すべきはもとより、勇民を重んずべきもまた明らかなことである。これにたいして、かの乱民と惰民とは厭悪すべき存在であると兆民は続ける。惰民とはその身分の高下を問わず、先代からの財を擁して飽食暖衣、一事をなすこともなく昏々茫々とこの世を送り、国家国民に一顧の関心も持たない者たちのことだ。たまに書を読み芸を講じる者がいても、士気薄弱身体虚弱のために中途で投げ出してしまう者が過半数だ。

ああ、世の論者のある者たちよ、勇民の活発果敢の行動を乱民と罵り、他方で、かの惰民たちがはばかることなく市上に往来し、脳中は他人の借りものばかりで一物もなく、畜生並みの呆けた生涯を送っているさまを見ても、これを憎むことを知らずかえってこれをうらやむ。一体、いかなる心の持ち主なのだ、かかる論者たちは。

このように兆民の筆は止まることを知らない。国民運動を総称する運動の内で、ある種急進派の立場だと言ってしまえばそれまでのことだ。だがここで、兆民は初めて運動の渦中にあり、運動の向かうべきところについて檄を飛ばしているのである。「デモクラシー」のお気には染まないとしても、良民運動における急進派からするまっとうな運動論である。勇民の立場から、委曲を尽くして一新聞や蘇峰のありきたりの誹謗に反論している。この時期の民権派の決起は、彼らが指摘する通り、死灰にもう一度火が付いたものにすぎなかったとしても、兆民の全力投球は疑えない。兆民はその政治・政論活動の頂点にあったのだ。そして、良民運動のうちに勇民が不可欠不可避であればこそ、勇民の内で、従って大衆運動の内に、「分裂抗争」という政治がこれまた不可抗力のごとくに発生するのである。「兄弟喧嘩は止めましょう」。

やがて、兆民の政党論が運動・党派の分裂という事態に直面する場面に、私も出会うことになるだろう。もう一つ、老婆心ながら注意したいが、兆民の「四民分析」はそれぞれの経済下部構造の区分けではない。

すでに指摘したことだが、兆民は首都追放後は大阪に腰を据えて東雲新聞の主筆になる。明治二一年から一年余、兆民は大阪の運動にかかわるとともにこの新聞に文字通り健筆をふるった。「此の時や、先生の意気と文章と正に沖天の勢いありき」(秋水)。実際、本人のいわゆる「新聞記者」として、放談から連載社説まで長短・硬軟を取り混ぜて多彩である。目配りは広く、「農族諸君に告ぐ」など士族、農族、工族、富者、そして婦人などを対象にして現状分析と勧告を書く。各地に地場産業を見聞して紀行文にまとめる。「泰西第十九世紀」のわが国への到来と文明開化の諸相を活写する。それに、漢語混じりながら兆民の文章のスタイルと勢いが定着し、それこそ自家薬籠のものと感じさせる。前後を振り返ってみて、東雲新聞時代の一年余が兆民の政治・文筆活動の頂点をなす。その中で、私の関心は偏っており、すでに例示したが、兆民の政治的煽動に属するものをこれからも追って行こうと思っている。

政党と党派闘争　大同団結運動のなかで

さて、もう一度大同団結運動に戻る。この運動に介入するに当たって、兆民がかの「勇民」に属していたことは自他ともに明らかであったろうが、では実際、いかなる急進派の先鋒だったのか。檄文は檄文として、運動における自分の役割を兆民自身は別のところに据えていたようである。「ネー、オ互ヒニ兄弟喧嘩ヲ止メマセウ」と仲裁役を演じていただけではない。兆民はこれを政党論の問題としてまずは理論的に把握することに努めている。まとまった政党論としてまずは、初期の東洋自由新聞のもの（第五章参照）と「平民のめさまし」（明治二〇年）があるが、ここでの論旨は東雲新聞の社説「政党論」（同二一年六月）でより詳細に展開されている。政論家兆民を読むという関心からすれば、政党論こそがこの時期の兆民の核心になると思うので、以下煩をいとわずその思うところを聞いておきたい。まず東雲新聞の「政党論」を段落に分けて要約しながら追っていく。

いやしくも廟堂に会する政治家であればその脳中に多少の思想、胸中に幾分の良心を持つゆえに、一定の政治的旨趣（識見）のない者はいない。そこで、同じ見識の他の者たちと席を同じくして、ここに政党は自然に形を現す道理である。ともかくも一国の運命を念頭にかけて少なくとも一度くらいは国の隆盛または危難を真面目に考える人物なら、国中の一政党にぜひとも連なっているはずである。

立憲国の場合は、ある政党が一つあるいは一人の意見で固められることはなく、反対に十人いれば十の意見にばらけるのもまれである。理論にお構いなしに目前の利害に場当たり的に対応するのでないとしたら、当然に賛成とか反対とかで同意見の者たちが集まる。これは当然のことで不可避であり、この現象を政党という。しかも今日では腕力で他人をねじ伏せるのでなく、必ず知恵と良心の指針に従い輿論の裁断に訴えて、我党の意見が価値を占めるよう企てるのである。政党といえば叛乱と受け取る向きがあるかもしれないが、昨今内閣から伊藤伯が退いて黒田伯に交代したのも、政党をうたわずとも立派に政党の実践なのである。改進党の大隅伯の勇退も同断である。憲法の模範は独か英か、選挙権被選挙権の制限は可か否か、このような一国の禍福に関わる議事にしても、政党心が失せることはありえない。

まず言う、政党なるものの出現は不可避であり、かつ望むべき事態である。政治の場が一つあるいは逆に各自完全にばらばらということもありえない。なぜなら、第一九世紀のこの立憲主義の時代にあっては政治はまた理論である。理論とは政治的識見（旨趣）のことだ。どんな人も初めから一個明晰な理論を持ってはいない。政治に集合したとき、各自の明晰さと曖昧さ（意識と潜在意識）とが相互に付き合わされて、見識の異同がよりはっきりと露わになる。政党とはまずは複数の存在である。理論の違いが複数の政党を出現させるのだと、「平民の目ざまし」と同様、理論家の兆民はまず抑えることから論を立てている。だが、それでは同じ一つの民権党だとして、しかもなおそこでなぜ理論が分かれるのか。政治家の出身地域の別がある。かつての士族か平民中心か、あるいは旧藩のしがらみもあるだろうと、後に引用する箇所で兆民は指摘している。この小さな異同が政党内にまた分派を生み出す。

その後、二〇世紀の革命運動の経験は、各自の階級的違いや経済的な下部構造の差異から理論は一つでなく複数の党ができ、階級闘争が必然かつ不可避だと言うだろう。一八四八年に欧州を席巻した

「世界革命」に遭遇して、マルクスが何よりもブルジョアジー、プロレタリアートそしてプチブルジョアジーの区別を立てたように。兆民には当然と言うべきか、未だにと見るべきか、経済的下部構造とそのイデオロギー制約という視点はない。賃労働者という着眼もない。「工族」として労資ひとまとめにして論じているだけで、この点が後に『日本の下層社会』の横山源之助などから批判を受けることになる。理論自体の党派性という発想がないのである。しかしそもそも、政治運動とマルクス主義の階級闘争論については、下部構造から無邪気に区分けしてすますなどできないことが、二〇世紀の大衆反乱の経験となってきたのである。

一大日本党は不可能なのか

兆民は事実に押されるようにして、同じ自由平等という大義で一致しても、大義の実現方法手段に不一致があることを指摘する。理論と実践の分裂とは違う。ここから話は具体的に改進党と旧自由党のことになる。

在野志士の間には旧自由党があり改進党がある。旧自由党はもと自由平等を綱領として先人の士が旗揚げしたものだが、その実現のための制度典章の細目をめぐって小派の別を作り出したものだ。改進党のごときは学識豊かな人士からなり、この人たちは出るでもなく入るでもなく「抜け目なく」、かつベンサム流の実利主義の学校を卒業した君子人である。第一九世紀にあつらえ向きのこの人物たちが今日の我が蜻蛉洲《あきつしま》に誕生したのも、天がいまだ亜細亜を見捨てていない明証だと言うべきである。この改進党の中にも小派別が生まれるだろうし、旧自由党との間を出たり入ったりする者も出るだろう。自由の有難みがまさにここにある。さらに、九州改進党がある。こうした諸政党は大同団結させるべきなのか。いや、そんなことができるのなら、その政党は初めから価値のないものだ。自分の党に固有の力がないということだ。こんな政党では国の基礎を固められるとは到底思えない。今改進党は別として、それ以外の諸党派は自由平等という大綱領で共通していても、これを政治機関の諸条項に適用し、すなわち理論から実地世界に具体化することこそが肝要なのである。その時に各党派が異同を競い合い、寄り合うべきは自然に合体し、そうでなければ自然に離れていき、かくて真成の政党が生まれるのだ。

改進党については兆民は皮肉交じりに突き放しているが、今は問わない。問題は旧自由党の人士のことだ。旧自由党の分派抗争は大同団結の目的にとつて絶滅させるべき悪癖なのか。そんなことはないと、断固として兆民は指摘している。たんなる「兄弟喧嘩は止めませう」ではないのだ。逆に分派間に兄弟喧嘩を闘わせてこそ、その中から真正の政党が生まれる。ルソーの立論に反して、兆民が集団内の論戦と抗争を通じた団結、あるいは分化を積極的に評価していたことは先にも指摘した。ルソーの政治体は定義上内部に分派を持たないし持ってはならないのと好対照である。ただし、ルソーについての言及はない。

だが、本当にそうだろうか。ここでも二〇世紀の革命は止むことの無い分派抗争と分裂の連鎖を、あたかも党なるものの宿痾のごとくに経験してきたのである。とすれば、運動内部に諸政党が分化するそのことではなく、同じ主義のもとに結束したはずの政党それぞれにおける、党派の分裂抗争こそを不可避の与件として、政治の集団論を立てなければならない。私はそう思ってきたのだが、振り返れば政治集団の分裂という、革命運動に付きまとってきた歴史的宿痾、そのわが国における初めての経験が兆民の言う「兄弟喧嘩」だったのだろう。以上の論説を兆民は次のように締めくくっているが、これまでに幾たびも繰り返され、そして今も嘆息交じりに押し出される言葉であるに違いない。

これまでの政党なるものは、地縁族縁あるいは旧藩のつながりや人情人脈による集団が多く、深く旨趣の異同を軸に進退する政党は寥寥たるものと言うべきである。この狭い日本国でさらに狭い区域を囲い込み、お互いに敵対するなど浅ましい限りだ。今日、各地の政党の人たちは、「真理は両説の触激に由りてその光を発する」の格言通りに、論戦の火花を散らすことを通じて、その効果により厳然たる一国治道の雛型を作ることこそ今日の急務である。
とはいえ逆に、旨趣の異同ばかりに拘泥して政治的急普請の雛型作りを専らにして、ただ頭数を集めるばかり、肝心の党員の質を不問に付すがごときがあってはならない。ああ、改進党といい旧自由党といい、その他各地の政社といい、共にこの愛すべき日本国の男児なのだ。旨趣を鮮明にしたうえで、意気を統合し道徳の信用を以て、他日我が日本国において一大日本党なるものを擁立せんことを。

懇親会　歴史の妖魔を背負って

兆民の見るところ、以上が民権派同士の「兄弟喧嘩」なのだが、この喧嘩が演じられるべき場所が、当時各地に催された全国同志懇親会である。兆民は論説「懇親会」で書いている（明治二一年九月二七日）。懇親会は各自家族生活や通常生活で溜まった思想的炭酸ガスを一掃する場所である。ことに諸政党を一堂に会させる。お互い政敵であっても仇敵ではないのだから、小さな異同は問うところではない。懇親会はそこで交際談話して思想のカビを払う、政治的身体の浴室である。

わが国では自由とか改進とか、大綱領を担いで党類を組み立ててからすでに十余年。これら政党は主として草莽に生じ、市井に産した者たちが成員であった。しかしこの十余年の民権運動の中で、ある者は官界へ、他の者は家族へと戻って行った。それもよかろう。この間の日月中に、後ろに向かって進んだこのような物体が幾人いたろうか。彼らが懇親会に再登場して、極めて黒い赤心を露呈して一時人の目を驚かしたことも幾たびか。浪人生活に耐えて今日にこぎつけた者は、少しは節操ありと見なすこともできよう。しかし、裏漉しの苦に耐えず中途で後ろに残った人物は残り屑だ、粕だ、海中の蛆虫だ、良心の裏切り者だ（！）。

政党にあっては、主義が全員一致あるいは逆に十人十色でばらばらということはありえない。自由改進には一定の意味の枠があるからだ。だから、今日大同団結を求めない人は気違い、さもなければ愚だ。欧州諸国の政党形成は理論の支配に由るばかりか、歴史にも支配されている。族類と階級と政治の主義とが抱合することにより、いくつかの複合体が生まれてきた。だが、わが国では士農工商の別、つまり族類と階級の区別があっただけで、政治の主義の違いはほんの近日の誕生に過ぎない。現今の政治の主義は過去に歴史を持たない。逆の見方からすれば、歴史を背負わない政治家にはその慧眼をくらます雲霧なく、だから小なる異同はあってもお互いにまるで相反するの理はないのだ。日本の政治社会には現在と将来あるのみ、白地の画絹に描くべき画像は多少の異同はあれ皆自由改進の主義なのだ。だから言う、「大同団結は之を為さざれば気違いなり」と。

あるいは、独り書を読み蓄積してきた政治学が我にありと誇る者がいるかもしれない。だがそんなものは塾生を驚かすことはできようが、帝国議会を動かすことはできない。政治学は書物の学問のみではない、人事の学問なのだ。書物を読んで生きた人間社会の立法者たらんとする豪傑など、願い下げである（以上、全集11、二四〇頁）。

同じ陣営でも複数政党は必然であり、かつ各党の内部抗争も不可避である。けれども、いやだからこそ、大同団結が重要なのだ。今でいう運動における統一戦線論を思わせる行き届いた兆民の議論である。感心させられる。ただ、懇親会は民権諸派の兄弟喧嘩と統一戦線の場所だといっても、以上の論考では、兆民の発言はストレートにこの場での大同団結そのものを要求している。懇親会の参加者かつ発起人たる兆民のこれが言動の実際であったのだろう。大同団結急進派である。大同団結と唱えてもこれ自体がすでに党派的であり、実際上は旧自由党の人士の選別、つまりは「党の純化」しか兆民には残されていなかったのかもしれない。勢いセクト的な主張になる。個人参加の今日の懇親会と、かの結社の乱の同盟会議との相違も響いたであろう。何といっても、兆民の政論は後者国会期成同盟の場に乗り遅れていたのである。

とはいえ、この論説の翌日六月二九日、東雲新聞には「大同団結」と題した兆民の匿名記事が載っており、こちらの方は冷静な基調である（全集14、二六九頁）。昨日の紙上において、吾等は言った。大同団結に同意しない者は気違いだと。大同団結とは銘々が大同の点だけで一緒になり、小異のところは大切に護持して自党の旗色とするのはもとより勝手だ。それが、小異に固執して一緒にはやれないというのであれば、各自自宅の押入れにでも閉居して独語するほかに道はない道理である。とはいえ、政治の広漠の世界も自由と改進の二文字を冠する限りはぐっと限定される。自由改進という大綱領のもとで、合従団結して共に進むのだ。この時に小異に突っ張って、同士打ちの挙句に自亡自滅するなどもってのほかである。

こんな陳腐な理屈にも従えない者たちがいるが、それはもう一点、政治家が背負っている歴史が妨害しているからだ。封建制のもとでは対立は力により決着した。だからその後は、主義の違いという歴史など誰も背負ってはいないはずである。ところが、大同団結を阻んでいる「過去の歴史という妖魔」がなお政治家に取りついている。自由改進の主義に取りついている歴史の妖魔とは、煎じ詰めて言う。西郷軍の反乱、板垣の自由党そして大隈の改進党の結成の三者がこれだ。これら歴史が政治家の脳中になお入り込んでいるのである。歴史からくる派閥、情実、干渉、武断への屈伏などなど、大同団結とはまさにこの姿勢から腰を伸ばすことだ。

民権派といえどもそれぞれが歴史の負荷を負っている。それゆえ、小異を争う所以はたんに封建遺制とか人情によるだけではない。維新この方の自由民権運動そのものの負荷なのだと言う。「歴史という妖魔」とはいつの時代にも身につまされる話である。以上を通じて兆民がルソーを思い出したとすれば、これはルソー以前の現象とも、ルソーに起因する逆説とも見えたことだろう。

大同団結の帰趨

ところで、懇親会のことに戻る。大同団結をめぐる以上の論説が書かれて間もなく、大阪では一〇月一五日に幾度目かの全国有志大懇親会が開催された。保安条例下の懇親会であり、この路線の下り坂も見えていただろう。とはいえ、地方の懇親会の実態に、いやこれとの兆民の関わり方に、少しでも近づくためにこの懇親会についての兆民の「総括」を聞いておきたい（全集14、二六九頁）。

昨日は大阪新生楼にて懇親会があった。思いのほか多数が集まった。改進党も、九州も、四国も、その他の各地から思いのほかの人数であった。「政治的につき一癖ある物体の競進会なりき、多少この十年来の歴史を背負いこみ居る人物の見本会なりき」。ただここでも、封建政治の余毒こそ実に厭うべく悪むべきものである。いわく、吾は江戸ッ子なり、四国ッ子なり、改進ッ子なり、などと。みんな均しく日本ッ子じゃないか。諸君、政治的綱領条目の喧嘩はなるたけ盛んにすべし、だがこの喧嘩に封建の余毒を付けることはよしてもらいたい。

さらに、懇親会員諸君との別れに臨んで一言したい。

いやしくも在野政治家として、諸君はすでに必要なる題目は蓄えて来られた、その上での今回の来会である。だが、漠然と自由平等の大義を主張するだけではまだ第一歩に過ぎない。今や国会開設までわずかに一年余、もはや一日も看過すべきではない。地方自治だけでなく国民自治の大題目に関してまで、計画企図すべきの時である。諸君の意向を忖度するに、これには二つある。まず打破すべき条項。1、公事と私事とを混同して政治的機関の運営を妨害している情実の打破。2、出身藩、地方、階級、生業など、社会的障壁にもとづいて政敵と見なす習わしの打破。3、官民を問わず上下関係の隔てから相手を政敵視する念を打破。次に、諸君と吾等と一致協同すべき条件、1、憲法は欽定とはいえ互いに講究し、法律の許すところあくまで言論を張ること。2、財政、邦国最大のこの案件を理論的実際的に研究討議すること。3、条約改正に関しては担当大臣のみならず我々人民にても詳細講究しておくこと。

そもそも大同団結するとは、以上の論点に関わることであり、今日以降も研究し討論して、お互いの心得と致したい。「諸君、帰県の後は右の点に依りて各地の小団結を固めおき、以て大同団結の基礎と致されたきものなり」。

大同団結とは思想の相違などというより、まずはお互いの政治的マナーの問題なのだと兆民は指摘している。その上で、国会開設に向けて政策の一致を準備しておくことだと。実際、研究すべきとして挙げた三点は皆、第一回帝国議会までのこれからの二年間、日本の政治の最大の案件に浮上する事柄であった。兆民の政治的見通しは確かだった。

なお、今回の懇親会の成果については、東京の「輿論新誌」から辛辣な評価があったという。大阪懇親会は豪傑たちがてんでに集まって痛飲・高歌放吟するだけ、小梁山泊に終わった、煙ほどの痕跡も残さなかったとの批評である（全集14、三九五頁）。兆民に言わせれば、この評価はただの推測である。大体、今回参集の諸君は「たいてい皆各県地にて親方株の人々」である。なるほど東京の真ん中でのお上品な人形比べの集まりとは違う。大阪懇親会はこれまでも何の効果もなしだから今回も同様などと、心配はご無用。今回の批判のご同輩たち、一度大阪に来て次の大阪懇親会に参加されよ。

国会開設期成同盟にしろ今回の有志懇親会にしろ、地方から東京大阪などに参集するには手間も金もかかる。大仕事だったのである。勢い、地方結社の代表派遣になる。「各県の親分株の人々」とはこの手の者たちだったであろう。ただし懇親会とは、民権結社の地方代表の任意参加であり、先の国会期成同盟のように参加資格が厳選されたわけではなかろう。都会人士の個人参加も多かったと思われる。結社の全国評議会はすでにない。そして同時に、大阪懇親会は煙も残さなかったという評判からは、やはり保安条例下の運動の衰えが嗅ぎ取れるのではあるまいか。時代は憲法発布と議会開設へと流れていく。

私は想像してみる。全国有志懇親会とは、保安条例下の政治運動における決起集会という性格を負わされた会合であったろう。自由改進の同志たちの集まりとはいえ、兆民の見たとおり、そこでの分派抗争は必然で不可避の与件である。だからそこでの異論のぶつけ合いは理論の正当性などで決着するものではありえない。それでいて大同団結は運動にとって大切な力であり、セクト主義は防がねばならない。何よりも、民権の運動と全国の結社の動向を背後の圧力とし、大衆運動の利益を共同で防衛するという仕来りを守る。これに助けられて懇親会はかろうじて団結を維持し、統一した方針と行動を実現できるのである。かつて一四年政変までの地方民権結社が、全国結社の連合（国会期成同盟）という掟に従っていたようにである。兆民の言葉でいう反乱に関して、今日に至るまでの惨憺たる経験がこのことを教えている。私はそう思ってきた。

だが、全国的反乱としての自由民権運動は、秩父事件（明治一七年）を以てとうに終わっていたのである。運動からの衝迫力を欠いた兆民の団結運動と理論とは、帝国議会開催へと向かう民権派諸人士から度重なるしっぺ返しを受け続けることになるだろう。それに、この時期の懇親会は先の国会期成同盟大会とは違う党派環境の下におかれていた。自由党と改進党の両党の自立分立である。民権運動の決起はここで初めて、「主義の党」との関係を突きつけられたのである。逆に言えば、主義の党は反乱集団との関係をどのようにこなすことができるのか。「大同団結」のスローガンのもとに覆いかぶされてしまい、国会へと押し流されたかに見えるこの論点が、その後明治憲法体制を通じて政党政治に潜伏する問題であり続けるだろう。

国会へ

さて、次はいよいよ第一回総選挙と帝国議会の開催である。そこに至るまでの民党の兄弟喧嘩と大同団結の帰趨は複雑な経緯をたどったが、ここであらかじめ大要をメモして次章への橋渡しとしよう。

まずは大同団結の成れの果てを、帝国議会第一回総選挙（明治二三年）での民党の諸勢力分布から振り返ってみる。立憲改進党、大同倶楽部、愛国公党、大同協和会、自由党再興派そして九州連合同志会である。改進党を除く、大同倶楽部以下が旧自由党である。大同団結はならずの結果というほかない分裂状態である。まず改進党、これは政変で参議を罷免された大隈重信の周りに、大隈派の官吏や福沢諭吉門下の都会知識人たちが集まったものである。その後大隈は懐柔されて伊藤内閣に復帰、すでに挫折した井上馨の条約案を継いで、大隅改正案をまとめたが、これが再度激しい反対にあって撤回、本人もテロによって引退に追い込まれた（明治二二年）。この事件が改進党と旧自由党系諸派との亀裂を決定的にした。大同団結の破綻を象徴する大隈の退場である。

一方自由党は政変と同時（明治一四年）に結成されるが、直後に政府による体のいい追放策として板垣退助・後藤象二郎が外遊する（明治一五年）。兆民が自由新聞に苦しい弁明を書いている通りである（全集14、一四一頁）。その後、秩父事件のさなかに党は解党する（明治一七年）。そして数年間の停滞の後に後藤や星亨が動いて、先の全国有志懇親会が各地で開催されるようになるのである（明治二〇年）。懇親会は改進党にも呼びかけるが参加が得られないことが多い。後藤は伊藤内閣総辞職を求めて「封事」を天皇に提出（明治二〇年一二月二日、全集17）、さらに大同団結をめざして日刊「政論」を発刊する（明治二一年六月）。

だがまたまた、板垣・後藤の叙爵問題が発生し、あまつさえ後藤が黒田清隆内閣に入閣する（明治二二年）。伊藤内閣を継いだ黒田は「超然政党の外に立ち」の超然主義を標榜するが、思想の違いもなんのその、一見逆説的に維新の功臣たちを網羅的に入閣させようとした。板垣は断ったが後藤が応じ、大隅は伊藤内閣からの留任である。藩閥政府vs民党（改進党と自由党）という対立構図には以降も繰り返し曖昧化の手が入る。

このころの旧自由党諸派は板垣・後藤の土佐立志社ゆかりの郷士的派閥、大井憲太郎ら激派被告で憲法特赦により復帰した者たち、そしてこれ以外の地方自由党系人士に色分けされる。ここに自由党の大同団結運動は大同倶楽部と大同協和会の分裂をもたらした。次いで、大井ら大同協和会は自由党の再興を目指し、板垣らは愛国公党の結成に至る。第一回衆議院選挙ではそれでも庚寅《こういん》倶楽部という連合会派で臨んだが、その内訳は先の通りであった。兆民はこれら派閥のすべてに友人知人がおり、

「小異を捨てて大同に就く」という兆民の立場はいかにももっともに思えるのだが、選挙が近づくにつれてこの立ち位置も怪しくなってくる。本人の東雲新聞社も植木枝盛ら土佐派と大阪自由党系からなるといい、兆民はそのかすがいであったが、二三年には分裂が表面化して立つ瀬がなくなるのであった。二二年には帰京する。

9　政論家の頂点　東雲新聞時代

首都へ還る

夫より戸塚程谷神奈川と路程の進むに随うて、余の愛する所の東京、即ち腐敗には有らで浸化したる江戸の呼吸気が、段々と濃厚に余の鼻目を撲ち来れるに及び余は喜び極まりたり。東京は花の大江戸以来即ち三十年余の親友なり。夫れ是親友や僅に二年許遇わざる中にメッキリ成人せり。丸の内の柳樹の囲りの大きく成り居たるを見て、余は尤も喜びたり。（「東海鉄道」、東雲新聞、明治二二年六月五日、全集11、四〇四頁）

明治二二年四月二八日、兆民は一年余を経て東京に戻ってきた。保安条例により東京を追われ大阪に移住したのが一昨年の年末だったが、二月一一日の憲法発布記念の恩赦により追放が解除されたのである。久しぶりの東京だった。二日前二六日に大阪を発ち、途中長浜と浜松に一泊した。それにしても、初期の自由民権運動の時代、地方結社の活動家たちが東京、あるいは大阪に旅したころに比べれば、大幅な利便の向上であったろう。地方の人士も活発に往来する様子である。この年の五月には東海鉄道が全開したが、兆民は書き留めている。新橋大阪間は二〇時間の旅だが、その間三、五ないし一〇駅ごとに地方紳士が乗り降りしている。車内では彼らは新聞を開き、また、たちまち政治談議が始まる。列車を降りるときは、連中はいずれも政治家をもって任じる地方の有志というところだ。入れ代わり立ち代わり臨時議会が開かれるのを傍聴するがごとく、列車旅もさまで退屈せずに済むのである。これら地方有志が来年の帝国議会の代議士となり、そうでなくとも国会外に居て政治思想を醸造する者ともなるに違いない。さすれば、国会も砂漠の中の浮州のごとくにならず、土台堅固の高塔の頂上に比べられるものとなろう（「鉄道旅行の観察」、東雲新聞、明治二二年一一月二七日、全集12、四九頁）。

兆民の期待はいささか過大であったろうが、国会とその外部、田舎紳士の決起という政治思想は、兆民の国会論の本質に属する。すでに言及してきたことだし、これからも立ち戻ることがあるだろう。ところで、兆民自身はこれまでにもう七回もこの鉄道で東京大阪を往復していると言うが、「余を駆りて鉄道に乗らしめたるは何者の仕業ぞ」。東雲新聞、それに新たに主筆を引き受けた「政論新聞」のせいだと本人は言うが、それだけではない。

すでに前章で見たところだが、兆民は政治思想としての政党論を展開していた。大衆運動においては、内部に複数の政党が発生するのは不可避であり、これを禁圧するなどできはしないし、かつしてはならない。しかも同時に、個々の政党はその内部に党派闘争を生み出すのもまた不可避である。ではどうすればいいのだ。党や党内分派の理論の正しさなどで、決着がつくことではありえない。何よりも運動の力を借り運動の利益を守るべく、地域の評議会そして全国評議会の団結を重んじ、党派はその命ずるところに従うことだ。そして今や国会の開設が迫り、東海鉄道の往復で遭遇するような地方からの決起が、兆民に政党論にもとづく大同団結運動の総括を再度要求することになるのである。

というのもまさにこの時期、自身が尽力してきた政治活動、すなわち民権派の大同団結が結末を迎えようとしていたのである。明治二二年の兆民の政論は、なお大同団結を追求しながらも、片や地方民衆の蜂起と他方の党派の分裂と、この両端に激しく振れたものとなるだろう。

大同団結運動の第二期

「政論」はもともと後藤象二郎が大同派の機関紙たるべく始めたものだが（明治二〇年六月）、改めて兆民が引き受けて日刊新聞として再出発しようとしていた。その発刊の辞に兆民が書いている（明治二二年七月一〇日、全集12）。

世上、「政論」は大同団結派の機関紙とされているが、あるいは陰では大同派中の旧自由党の機関紙と言われる。だが思うに、「大同団結なる者は其の文字の指示する如く厖々然たる巨大の一動物」である。大同派の者たちは自ら好んでこんな怪物を造らんと欲して東奔西走してきたのではないのだが、結果として首尾よくこの大動物を作り社会に押し出すことができた。明らかに、党派間の大同団結運動が国会を間近に控えて、地方の一斉蜂起という大動物を呼び起こしたと兆民は見ている。だからこそ実際、この動物は「一思想を嘘出せず一言辞を吐露せず」、洋上に浮かんだ鯨といったところである。だから、これが「政治的の生活力有ることを社会に示すこそ今日の急要」なのである。そして、これがむつかしいのだ。神にさえもできかねる事業に大同家の者たちは奮発しているのだ。私自身もこれに加担することになった。私はもともと政治国の無国籍者に等しい者だが、この大同という怪物の造成を第一期の事業として、これを一個の主義の団体に作らんとする第二期の事業に取りかかろう。

今眼前に登場しているこの怪物は、脳髄も内臓も肢体もあちこち持ち寄りで生活している。中身はバラバラ、ただ全国に自然発生した一個の蜂起のカオスであったろう。憲法発布から議会選挙に昇り詰めるこの時期、大同団結運動第一期の党派間の「兄弟喧嘩」とは明らかに様相が違っている。東海鉄道の往復に兆民が観察した地方紳士たちの車中随意の政談会のことが想起される。このカオスを一個の政治的生活力として結集したい。だから、そうであるからこそ、自由民権運動の歴史の影を背負った党派間の争いとは別の、第二期の事業が展開されなければならない。

それなのに、政治的無国籍者を自認する兆民から見て、党派はこの事業の課題に気付いていない。すでに大同団結運動の勧進元の後藤象二郎が、黒田清隆内閣に入閣して旧自由党勢力に亀裂を持ち込んでいる（三月）。とうに入閣していた大隅重信はその条約改定案が暴露されて批判の嵐を巻き起こし、改進党と旧自由党諸派との間の不信を抜きがたいものとするであろう（明治二二年一〇月）。かくして、大同団結運動の解体である。

愛国公党……大同団結……自由党……後藤伯……大井憲太郎……政社……非政社……河野広中……何ぞ紛々擾々たるや。南海の老翁も耄碌したりと見えたり。耄碌せざれば赫然として怒る可し。高輪の象伯もやはり耄の一字と見えたり。（東雲新聞、明治二二年一二月七日、全集12、五六頁）

すでに五月、後藤の入閣の衝撃を受けて、大同団結運動は河野広中らの大同倶楽部（政社派）と大同協和会（非政社派）とに分裂していた。大同協和会は続いて板垣の愛国公党と大井憲太郎らの自由党再興派とに分解する。これが右の引用の最初に……で区切って列挙された四分五裂の実態であった。大井らは翌二三年早々に自由党を再興する。では、兆民はどうしたか。大井らと自由党再結成に与してこれに奔走することになるのだった。先の「政論」発刊の辞が宣言した大同団結の第二事業はどこへ行ったのか。

ここに、「大阪大会に就いての悪まれ口」という東雲新聞の記事がある（翌二三年一月三日、全集12、七〇頁）。「大阪大会（一二月一九日）に於ける板垣翁の調停策は敗れたり」。この人の人となりは多愛多情、たとい旧友と意見が合わずともなお努めてこれを容認しようとする。だが、翁の惣領息子たる旧自由党員どもが翁の差し出した愛国公党という飴玉にたいして駄々をこねて、我らは今や皆一個の大男児なりと、翁の金看板たる自由党をねだり取ったのである。この者たちを含めて大同派の豪傑諸君に言いたい。我が翁は一種の因果者であって、児子どもが厄介をかけても厄介と思わず、得意然と蛇々張ることを好むゆえに、諸君厄介をかけたまえ。その方が翁の病気を治すに効験あろうというものである……。

一体、板垣退助にたいするこの憎まれ口は何なのだろうか。この南海の翁も耄碌したもんだと、先には書かれていた。それに、封建遺制とも言うべき情実、郷党縁故、上下関係により党を結ぶことをあれだけ嫌った兆民である。これには維新の軍事英雄板垣という、「過去の歴史という妖魔」にとらわれることを忌避することまでが含まれていた。それなのに、同郷の先輩、自由党のシンボルという情実を板垣に関しては捨てきれない。それに、政治思想による団結という兆民の見識はどうしたのだ。本人だって重々わかっていることだったろう。それゆゑに、板垣の党派的振舞いにたいする嫌味であり憎まれ口だというのである。その後も板垣からは煮え湯を飲まされるが、むろん終生絶交などしたわけではない。

だから、というわけでもあるまいが、兆民は板垣との分裂を契機として、逆に一挙に自由党再興という党派活動に専心していくのである。繰り返すが、大同団結はどうしたのか。私はこの間の兆民の政治的振る舞いに、むしろ地方紳士たちの党（民権結社、大衆の党）と主義で団結する党派（自由党、政治セクト）、この両極の間を激しく揺れる兆民を強いて読み取っていきたいと思う。

小倶楽部から始めよ

明治二二年の年末にかけて、大同派が諸政治セクトに分解する。その半年ほど前、兆民がまだ大阪で大同運動の斡旋に奔走していたころのことである。兆民は東雲新聞の無署名の論考（三月一四日）において、地方有志の政治的倶楽部と自由党・改進党という「党」との異同を、明確に表明している（「政治的の劫風」、全集15、四三頁）。

「国会と号する一大現象が吾人の眼前に嶢然《ぎょうぜん》として其の形影を呈し来るや、全国到る所の有志家は遽に目を刮して凝望し顧視して、其己れを点検し、窃に此大現象を引受けて余有るも、足らざること無きかと考一考するに及び、政治的の熱度一時に昇進し」という状況が出現している。これは同時に、有志たちが改進党といい、旧自由党、自治党、あるいは大同党など、政治的党派の趣意を飲み込み噛み砕こうとして吐き気をもようす有様である。政治家たちも同様であり、今や「全国都邑を挙げて殆ど政治的怒涛の中に」巻き込まれている。「嗚呼今日我日本人々の政治熱は恰も一陣颯然《さつぜん》の力を以て屋を抜き瓦を飛ばす劫風にも比すべき歟《や》」。

誇張もあるだろうが、改進・自由の人士による大同団結運動が、今や国会を目前にして全国的な政治的怒涛のうちに投げ込まれている。兆民の身になって、ひとまずはここに全国的な有志の蜂起を想定してみる。大同派あるいはその諸政治セクトにとって、これはまたとない好機であるとともに、自身が蜂起の怒涛に埋没し振り回さされる党派的危機でもある。西欧の一九世紀、そして二〇世紀の革命運動の歴史において、まったくありふれた事態であり、党派にとってはそれだけに有難迷惑で厄介な民衆蜂起との遭遇である。わが国におけるその初めての経験として、兆民の現状分析を読みたいと思う。兆民の政論もまた、大衆蜂起における政治の一種カテゴリー的な必然を体現し、主張するものとなっている。どういうことか。

兆民はまさにここのところで、倶楽部の類、会の類つまりはかの結社を主題に押し出そうとする。大阪の事例だけをとっても、政治的怒涛はただの無秩序ではない。北倶楽部あり北浜倶楽部あり、また洋々会あり進取会がある。これらが今のところ娑婆世界の利害を抱えて小集団に分かれ、小団結をなして分立しあっている。しかしだからといって、これら小倶楽部や小会より始めずにいきなり大阪中央に一大倶楽部を設け、およそ政治を談ずる者たちすべてをここに引きずり込もうとしても、徒に面友背敵の集合体を作ることになってしまう。こんな団体はその一片が脱落すれば全塔が一時に崩壊するピラミットにすぎない。だから言う、

「是故に吾輩は此数個の小倶楽部小会は今日通りに之を保持し、且つ益々之を鞏固にし、然る後時々此数個の小団体が互いに中央に寄合うて一大団体を成して、以て相互に他流試合否他人付合いを為すことを望む者なり」。小団体が平時から帝国憲法なり市町村制なりの研究を怠らず、無形の凝塊を成すことだ。そして、今や、これら小凝塊が寄り集まって一大凝塊を成すか、あるいは単一個の凝塊を成すまでに至ること。そこまでいかずとも、せめて「一選挙区に於て優に勝ちを制するに足る丈けの一政団を為すに至らんこと、此れ吾輩が切に望む所なり」。

論旨は明白である。すでにかつて結社の乱が経験したことに他ならない。ことに来るべき総選挙に臨んで倶楽部連合が一選挙区を制すること、これは目前の課題になっている。「政治の戦場に立て百戦百勝の利を収め、千挙千克の功を挙げんと欲せば、小集団を合併して大団結を打成する有るのみ。然らざるときは吾輩は恐る、今日天下無数の小団体は早日天来の大風の為めに吹飛ばされて了わらんことを」。

兆民はまさにここのところで、フランス革命前後に巷に氾濫したクラブのことを想起していたかもしれない。今日風に言えば、地域小集団の蜂起を基盤としてその「連合」「共闘」機関、地区評議会から全国評議会を展望すること。反乱の共闘会議である。ほんの十年前に、わが国でも地方結社の蜂

起と、その評議会として国会期成同盟があったではないか。この大団結の真ん中でこそ、「歴史という妖魔」を背負ってきた諸政治セクトも、改めて運動体との異同、つまりは党なるものの独自性に気付かされるのだ。思えばルソーが政治体内部の私党を禁止していたにもかかわらず、そのルソー問題の枠外で、兆民は大衆運動と党の関係を問わざるをえなかった。この点でこそ兆民はルソーを越える政治思想の領域に足を踏み入れる羽目になったのである。

大阪党の展望

実際、兆民自身が、そのタイトルも「大阪党」なる政論で提起しているのがこれだ（東雲新聞、明治二二年三月二七日、全集15、二八頁）。大阪には倶楽部若干数が存在するが、未だに大阪倶楽部はない。政治家若干名があるとはいえ未だ大阪党はない。大阪は何よりもあきんどの町であるが、そこに業種によらず広く大阪人を自認する人びとが集まっている。この意味での大阪人が一大団体を成してわが国を、とりわけ大阪をよくせんと心がける。これがとりもなおさず大阪党だ。

「今日は政党の世の中」である。今大阪倶楽部を興し大阪党を作ろうとするとき、規模が大きくなれば異分子が入り込んでくる。内部の利害対立から分裂が始まる。注意せよ。現今の政党なるものは団結にたいする一種の解凝剤（！）であることだ。政党なるものが一滴でも滴下されれば、わが事業はたちまちにして崩壊すると心得えておかねばならない。それゆえ、「大阪倶楽部を起こし大阪党を作らんとすれば、とりあえず是迄我日本に生じ来れる各種政党を無視して、大阪を白地の木綿の如きものと為さざる可からず。これまで沸々と点染し来れる各種の彩色を塗抹して白色と為し、然後大阪と云える一種の色を出さざる可からず」。

こんなことができるはずがない、そう反論されるだろう。大阪党を組み立てるべき人物は多くこれまでの政党人、改進党にあらざれば自由党なりであるはかないではないか。だがそうではない。たかだか十人百人くらいの政治人種を党中に引きずり込むことは止めて、大阪人百万人の人類をひとまとめにして一党と為すことに着目すればできることだ。だからして各種の政党人よ、大阪人三、五人を養子養女にせんとするのは止めて、大阪党を組み立てて後に、大阪党と諸君らの本家たる党派との朋友関係を図れ。改進党の大阪、自由党の大阪などできるはずはない、大阪党の大阪ができるのみだ。

またまた異論がくる。大阪という土地を以て政党を区別するなど、封建割拠の遺弊じゃないか。英仏諸国においてたとえば「マルセーユ党」など聞いたこともない。だが、かかる反論は理あるかに見えて、実はさに非ず。英仏現在の政党を丸呑みにして一気にこれを真似ようとしてもできることではない。なぜなら、彼らは数十百年の血で血を洗う抗争の歴史を背負っている。この犠牲を払って、ようやくそれぞれに理論、経験、哲理を背負うまでになっているのだ。洋行帰りの書生がいきなり丸呑みにできるような代物ではない。加えてもう一つ、彼らの政党は同じく数十百年前から、国会と称する演舞場にて各々技量を競いあってきたのである。これに比べれば我が政党は生まれたばかり、政党そのものというより政党人によって成り立っている。坊主の他にはたして経文ありやなしや。「兎にも角にも、我大阪府施政の利害を明らかにして、我大阪の繁盛を求むるが為に、先ず一箇の大阪党を作り大阪倶楽部を興し度きことなり」。しかれば、大阪党はすでに出来たるに非ずや。

実際、一年余の大阪滞在中に大阪地方の施政の諸問題を兆民は調査し、東雲新聞の論説に展開しているのである。そして、兆民自身が大阪の新平民地区から衆議員候補に推されて、議員第一号としてトップ当選を果たすことになるのである。

それにしても、以上の大阪党と大阪の倶楽部、これらと「歴史の妖魔」に取りつかれた政党の関係につき、兆民の論説は委曲を尽くして見事なものだと感心させられる。先に私は大阪の東雲新聞時代が兆民の政論活動の頂点だったと指摘したが、その中でもこの地方党論はその極点であると思う。諸政党は一面でまだ近代の議会政党への過度期にあった。地方の蜂起と地方党とは明治憲法体制と根底で齟齬をきたす存在たりえたかどうか。第一議会の混乱を経験するまでは、まだ誰も政党なるものの理解ができていない。やがて、ほかならぬ国会という舞台を通じて、こうした近代の歴史が試練にかけられることになるだろう。

もう一点、付け加えておきたい。そもそも兆民の民約訳解が、原著ルソーの契約政治体の概念を飛ばしてしまっていることはすでに指摘した。逆にこれに先立って、兆民の訳文にすでに「党」という言葉が使われていた。兆民にとって、では党とは何か。未だに徒党、郷党、あるいは上下忠義の党など、これら日本語の党のニュアンスが訳語に付着していなかったかどうか。逆に、議会政党からは抜け落ちてしまう革命主義の党という政治的概念、それと反乱の地方党（連合）との関係もまた、未だ兆民の頭脳を悩ましてはいない。それもそのはず、二〇世紀の革命と戦争の歴史を身に蒙って初めて、この私たちに初めて見えてきた問題であるほかなかったではないか。私自身が大衆反乱と政治の絡み合いに着想した論点であり、私の兆民論がこれを兆民の経験にまで逆照射していることを隠すつもりなどない。

国会独裁論

さて、この時点で再度、兆民の国会論に寄り道しておきたい。私はすでに第五章で、兆民の国会論が通常の立憲民主主義をはみ出すものであることに注目したのだが、この時期になると同じ論点がより鮮明に浮上する。かの私立国会論以降の論点である。それに何しろ、東海鉄道で大阪東京を往復するたびに傍聴した田舎紳士たちの「臨時議会」に、今や兆民は応答しなければならないのだ。まずは、追放前の著作「平民の目さまし　一名　国会の心得」(明治二〇年、全集10)から見よう。

さてある一日、さる商人が兆民先生のもとを訪ねて問う、国会と申すものはどのようなものかと。これに先生がわかりやすく丁寧に解説するというスタイルで話が始まる。我が日本でも二三年に至れば専擅《せんせん》政治の体裁を改めて、自由政府の形を取ることになる。そこで国会を開いて我々人民が自主自由の権を行使できるようになる。人民が間違いなしと思う人物を何十人とか何百人とか入札して代議士として選ぶ。この人々が政府の決める法律とか租税とかをそのたびに詮索して、役人が曲事を働かないようにすること、これがとりもなおさず国会なのだ。それゆえ、もし政府の政治向きが自分たちの意見と食い違うときは、国会はすぐさま内閣諸大臣を取り換える算段をする。そして、代議士のなかから人望の有る人物が新たに内閣を組み立てる。これを内閣の更迭という。貴公たちは内閣諸省が主人で国会は家来のように思っているが、逆だ。政府はいわば傭人のようなもので、我々人民が傭主なのだ。

このように兆民はかみ砕いて国会とは何かを説明していくのだが、これはもう言葉遣いまでがルソーである。政治体の主権者人民にとって「政府も役人も雇い入れにすぎないのであって、その権力を好きな時に制限し、変更するし、取りもどすことができる」(社会契約論、第三篇第一章)。今日の常識からみれば当たり前の国会論に思われるかもしれない。だが、当時の日本ではこれはほとんど国会独裁、国会という人民独裁のように響いたに違いない。加えて議院内閣制が主張されている。それにしても、来たるべき第一回帝国議会では早速、兆民自身ともども手痛いしっぺ返しを受けることにもなる国会論である。さらに一層重大なことは、時の人民とその選ぶ代議士たちが、政府の傭い主(主権者)として振る舞えるような民情に達していたのかどうか。理論と国民とのはざまに突き落とされること、これが兆民の悪戦となっていくだろう。

国会と政府との関係で問題になるもう一つのことは、言うまでもなく天皇の存在である。客人が問う、人民と国会が傭主で政府の役人は傭人だとして、恐れ多くも天子様はどのような理屈のものになりましょうや。よくぞ聞いてくれたと先生が答える。天子様は尊きが上にも尊くして、政府方でも国会方でもなく、全国民の頭上にましまして別の御位を占めさせ給う神様も同様のお方である。英国などと違って皇統綿々として絶えることがなく、内閣の更迭や国会の争論とかを超越した存在なのである。

ついでながら、「多頭の怪物」という記事にも次のように書かれている。「君主は尊厳なること鬼神のごとく、無為不動にして万人の上にのぞみ政治海の波濤がいかに沸き返っても、これを侵すことができない。政体を身体に例えれば内閣首相はその頭であり、君主はその頭上に存する円光である」(明治二〇年、全集11、四五頁)。

天皇は全国民の頭上に円光のごとく存して、尊いが上にも尊い神様同様のお方である。兆民のこの天皇評価は当時の事情を回避する言い逃れかといえば、そうではあるまい。他の箇所でも繰り返しているところである。先の「国会問答」（第五章）では機関説天皇論まがいの発言もあったが、要は帝国憲法第三条「天皇は神聖にして侵すべからず」にあるような、天皇無答責が念頭にあったのであろう。

全般に言えることだが、兆民の言説では天皇とか国体とかの言及は希薄である。昭和の国体論のような現人神天皇などさらにないし、天皇親政論への傾斜もない。要は全国民を背後から照らす後光なのである。ところが、後に見ることがあるように、国会開設以降の藩閥政府と民党との攻防にたいして、明治天皇その人が難局の解決調整にしばしば介入するようになる。伊藤博文らに立憲君主として育てられた天皇が、成人して己の役柄を演じるようになるのである。神様であるどころか、象徴としての円光でもない。明治天皇は臣下にたいする君主として、十分に「人間」なのである。独裁者では無論なく、立憲君主としての権限に自覚的な「政治的人間」であった。宮中賢所の奥深くでただ斎きただ祀る存在などではない。天皇の権力と権威に関する著名な顕教・密教説（久野収）が次のように指摘している。「国民全体には、天皇を絶対君主として信奉させ、この国民のエネルギーを国政に動員した上で、国政を運営する秘訣としては、立憲君主説、すなわち天皇国家最高機関説を採用する」。後者が密教としての政治と呼ばれるが、明治の天皇は重臣たちの秘術の影に隠されてなどいなかったのである。

国会は政治の一大脳髄

このほか、兆民は国会に関わる様々の事項を丁寧に説明していく。当時の知識水準の高さを示すとともに、列挙されている国民の権利と国会の権限は、やがて下賜される帝国憲法からは大きく外れたものになるだろう。二二年に発布される帝国憲法の中身がまだ知られていないが、これが欽定憲法として下されることは分かっている。それを知りながら、兆民は説明する。憲法とは天子様と国会との仲にて取り決めるのであり、一口に言えば会社内の規則のようなもの。それゆえ、我が日本の憲法は天子様と我々人民の名代たる代議士の集会、すなわち国会にて取り決めるものである。来るべき国会では、下賜された憲法を国民が議定し直すべきだということになろう。「憲法点閲」である。

この時期の兆民のまとまった国会論として、もう一つある。東雲新聞の社説を集めてその名も「国会論」として公刊されたものである（明治二一年一一月、全集10）。国会論には急進論と漸進論の別があり、ここで急進論といっても世の姑息連中がいわれなく恐れているようなものではない。泰西諸国では間々見られるように、ほしいままに矯激の言辞を弄して、これがために干戈に訴えあるいは内乱を醸し、遂には火を以て火を防ぎ血を以て血を洗うがごとき事態をも出来させる。真正の急進家とは決してこの類のものではないと断りながら、以下急進派兆民の説はなかなかに激烈である。

まず、兆民が固執して止まない国会の意義が繰り返して説かれる。国会は国民の意欲の標発所である。立法あるいは旧来の法律の改正は必ず国会の審議を経ねばならない。租税徴収は国会の承認が必須である。「要するに、国会は全国民の意欲から成りたつ政治の一大脳髄であり、内閣諸省それに地方庁衙のごときは政治の手足であり、一々脳髄の命令があって初めて動くことができるものだ」。ここでまず兆民が意を込めて強調するのが、国会における普通選挙の権利である。国民たるものはすべて応選権（被選挙権）並びに選挙権を享有しなければならない。「嗚呼自由権と云い参政権と云い応選挙の権と云い、凡そ国民たる者の尤も貴重なる所有物たり。しかるに或る者は財産有るが為にこれを貰らい受くることを得、或る者は財産無きが為にこれを貰らい受くるを得ず。果たして然らば我が所有物を使用するにも亦価金を要する乎、悖理《はいり》の極、一に此に至るや」。

漸進論者の国会からは排除されるべき貧賤の種族を見よ。この差別が万人平等の理に反するだけではない。租税負担はとりわけこの階層に重く、そのため富貴人に比べて貧賤人こそ政治思想に富み国事に熱中するのであり、彼らこそ選挙被選挙権を与えられるにふさわしい者たちである。富者たちは今ひそかに失笑している。貧賤人は黄金の貯えなく政治の大海に乗り出そうとしている。石炭を積まずに大洋に放たれた船同様ではないかと。我ら平民にとっては、この語気の冷淡なるまさに憎むべきの甚だしきに非ずや。この階層には財産も教養もないが、一たび政治に渉る事項が目前に来れば、一身の知恵才覚は皆一時に沸騰して押し止めることなどできなくなるだろう。

選挙が始まれば、諸君の地方にも候補者が演説にやってくるだろう。地面持ち、黄金持ちが滔々たる弁をふるうとする。だが小作人など、貧乏人連中がこれに動かされることはありえない。古今万国、この手の者たちを欠くならば国は国たりえないのだ。誰がこの連中を排斥し、選挙人名簿から抹殺し去ることを欲していようか。そもそも国会とは何か。若しここがおしゃべりの豚犬の寄り合い場所だというのなら、金持ち連中が駆け込む所となるのは当然である。もし、ここが政治的な場所であるならば、政治思想を有する物体以外は一切無用のはずである。人あるいは言うかもしれない。目に一丁字さえなき人物に選挙権を与えるなど愚と言わずとも狂だと。だが、かのモンテスキューも言っているではないか。小民が官吏の能あるいは無能を判断する天性の良智こそ、実に感服するほかはないと。あるいはまた言う、英国では選挙権に若干の制限があるではないか。急進家ならばこれを一喝して反論するだろう。問題はただ正理公道に従うかどうかであり、あの国はこう、この国はああだなどと、他国を模倣することを専らにするのではないのだ。

漸進論者はまた釘を刺すかもしれない。今はこの亜細亜の片隅で国会を設けることそのことが大切なのであって、これを欧米並みに近づけるのは国家百年の計というべきだと。何ということか、国会は人民権理の拡張所であって、政治の見習い所ではないのだ。

こうして兆民の急進国会論の調子は止まることを知らない。これはもう新聞を通じたアジテーションであり、一般読者に向けた煽動文書になっている。藩閥政府の拵えた憲法が天皇の名義のもとに発布されようとしている。維新の臨時政府はすでに内閣制度を発足させ、その首相が伊藤博文である。だが国会こそが、この名義不明の政府の名義を明らかにするのだ。政府と称してもこれまでは藩閥の利をほしいままにしてきた機関にすぎない。「国会未だ設けざる前の政府は真の政府に非ざるなり。仮の事務所なり。国会未だ立たざる前の人民は真の人民に非ざるなり。仮の聚合物なり。政府の名義を正して真の政府と為し受托者と為し、人民の名義を正して真の人民と為し委托者と為し、政府をして人民をして並に自ら恥じるところ無きを得せしむる者は、其れ唯国会乎」。このように述べて兆民は国会論を閉じている。

私が以上の国会論を煽動文書だというのも、時のわが国人民の実情を兆民は無視している。人民の政治的力量、従ってまた大衆運動内部の団結の弱さと党派争いを兆民は見ようとしない。煽動文書の勢いは同時に、兆民の時代の政治の痛ましさをも言外に漂わせている。

彼の下らない憲法

ところで、憲法発布のことである。明治二二年二月一一日、大日本帝国憲法が明治天皇の手から黒田首相に文字通り下賜される。和田英作の絵画「憲法発布式」に見られるように、にぎにぎしく記念式典が執り行われた。憲法発布を祝って「全国の民歓可沸くが如し」であったという（幸徳秋水『兆民先生』、全集別巻、四四五頁）。ところが、兆民の反応は冷たい、「一国狂うが如しとは今日我邦の光景なり」（東雲新聞二月一〇日）。同じく秋水によれば、「憲法の全文到達するに及んで、先生通読一遍唯だ苦笑する耳」であった。「彼の下らない憲法」という言葉も漏れる。憲法発布に際しての兆民の論評はわずかに計五、六本ほど、すべて短報であり憲法の内容に関する論評は皆無。これらを見る限り、憲法発布に伴う大赦が兆民の関心のすべてであった。以下、メモ代わりに記しておく、すべて東雲新聞の掲載である。

「憲法の発布は吾邦古今未曾有の慶事なり」（二月九日）。憲法の内容に触れず、大赦の要望のみ。

「我明治政府が今回の御目出度の為に赦令を行われたり」（二月二二日）。爆裂弾被告も保安条例追放者も共に許される。皮肉交じりの謝礼文。（以上、全集11）

「憲法発布に就いての愚衷《ぐちゅう》」。憲法は天子・宰相の英断によるも、またこれまでに散った急激志士の功績である。

「憲法発布の盛典に就いて人民の喜悦」（二月一〇日）。人民の歓喜はその利己心、また希望によるもの。

「憲法発布の余沢を祝す」（二月一三日）。西郷・松陰・象山・東湖に贈位、これら英雄の偉業をしのぶ。

「今回の憲法に就いて伊藤博文君の演説」（二月一四日）。今回の憲法は伊藤君が造作せられた、その伊藤君の演説に期待すること大なり。（以上は全集15）

仏国留学から帰国して、元老院で各国の憲法の調査に携わった兆民にしてみれば、帝国憲法の中身はお話にもならないものだったのであろう。というより、先にも述べたように、「今ルソー」兆民にとってはあくまで人民の全国集会、その代表としての国会が始まりであって憲法ではない。憲法が国会を決めるのではないのだった。与えられた帝国憲法を例外条項なく国会が点閲すること、これが兆民にとって有るべき憲法へのいささか人為的な突破口をなすものであった。一年前にも兆民は次のように強調していたところである。国会に学識あり節義ある人士を多く送り込むのは固より重要だが、国会の外に常に新鮮な政治的空気を蓄えて、国会に滋養を供給し続けることがなによりも肝要だ。これがなければ議員連中はあたかも瓶に差した草花のごとく、水が枯渇するとともに萎んでしまう。国会では政府行政官なる政団が代議士諸君を待ち受けている。この強力な敵と戦うには、代議士と同等な人物たちを国会の外部に置き、あたかも「未選代議士の国会」なる後ろ盾を全国に形成することだ。

両者をして国会の内外から行政官を羽交い絞めにして、政府の自省を促すのだ（「国会議士の後盾」。東雲新聞、明治二二年三月一九日、全集11、三六五頁）。

捨て鉢の自由党再興

さて、話をもとに戻そう。兆民は大阪時代の着想を一見放擲するみたいにして、大同団結派の分裂からその一分派、自由党再興に入れあげていく。この年二二年の一〇月から一一月にかけて兆民は大阪に赴いて、板垣退助などとも折衝の場を持っている（一二月一五日）。そして、年末一八日には大井らの自由党再興派の会合に合流する。

自由党出来たり湧出したり再興したり、新たに生じたり。哲学的に筆にすることは吾等は能くせず。形而上に形而下に吾等は知らず。兎も角も歴史に富たる血性に富たる金看板有る、俗人の恐わがる自由党湧出したり。

吾等の大嫌いなる、我自由主義の大嫌いなる、情実という麻酔剤にて薫黴されたる脳髄を所持する物体は、這入り度くも這入られざるべし。何の伯か。何の愛国公党ぞや……愛国公党は土佐ノ海を渡りて大阪に来りて直ちに消滅せり、無くなれり、死せり。目出度し目出度し。（東雲新聞一二月八日、全集12、五八頁）

これは東雲新聞に匿名で発表された兆民の宣言である。何やら捨て鉢の響きがある。「板垣翁の調停策は敗れたり」という兆民の「悪まれ口」についてはすでに紹介した。我が翁板垣退助への綿々たる別れの情、情実を断ち切っての惣領息子の親離れという、これまた情実の吐露であった。

一見破れかぶれにも見える兆民の決意表明だが、あたかも急転直下翌年一月にかけて、再興自由党の理論的中心としてこれに入れあげていく（全集17、松永下一〇六頁）。結党宣言「檄して天下の志士に告ぐ」を執筆したという（朝野新聞、明治二三年一月二一日、全集17）。いわく、「暗澹たる専擅政治の域を出でて離明爛燦たる立憲制度の堺に入り、蠢爾たる禽鹿の群れを去りて霊慧たる人類の列に就かんとす」。これと同時に「趣意書」を発表して、そこでは結党の事情を次のように説明している。自由党が解散してから七数年、今こそ党の再興を目差して板垣伯を南海に尋ねて協議した。しかし、旧党員は現に大同団結の中にあり、あるいは俗情に縛られあるいは世論を考慮して、我らと轡を並べて馳せることができない。伯もまたこれら輩と別れるに忍びず、百方調和の策を試みたうえで愛国公党なるものを始めた。だが、我らは思う、「政党は天下の公事なり」と。

党の組織に関しては規則（事務所、役員などの規定）が決定され、さらに大井・内藤魯一《ろいち》・兆民の三人に主義・綱領・党議の起草が委託された。これらの内、党議二六項目（大会でこれに六項目を追加）には、まず冒頭に「国会に於いて上請し憲法を点閲すること」が掲げられた。兆民年来の主張である。そのほか、華族令の改定、責任内閣（後に政党内閣）などを列挙している。

ところが、これらのうち八項目が警視庁により治安妨害のかどで不許可とされた。大会において公然審議することさえ不可能となったのである。不許可八項目には先の憲法点閲を初めとして、華族令改正、兵制改良、議会の弾劾権、知事郡長の公選、華族の世襲財産法廃止、警視庁の廃止、枢密院の名誉職化と連ねられている。一見して明らかな通り、これら八項目は帝国憲法に改正を迫り、あるいは政府の行政機構に改変を要求するものであった。つまりは欽定憲法に手を突っ込み、かつ天皇の大権事項（行政権）を侵す要求が禁圧されたのである。

自由党の再興大会は二月二一日から始まった。以上に結党までの様子を垣間見るに、いかにも急ごしらえで政党の格好をつけた感が否めない。それというのも、憲法発布に伴う大赦令により、大井憲太郎など激派諸事件の被告たちを含め、既決未決の政治犯四五八名が大赦されかつ公民権を回復したという。いきおい、大同団結運動の内で急進派のイニシアチブが強まって一気に自由党再結成にまで突進したのだろう。それに何より、初めての国会議員選挙が一年後に迫っている。自由党は他の改進党、愛国公党、大同倶楽部それに九州同志会と並んで、民権の一派として選挙に臨むことになる。そして選挙後には、すぐにまた解党して立憲自由党なる連合政党を結成するのである。

兆民はこのように自由党再興に中心的役割を果したようなのだが、この前後の論説は数が少なくそれに長さも短い。ことに自由党再興に直接触れたものは、署名入りと無署名とを通じてほぼまったくない。この間に東雲新聞社内部にもまた分裂が持ち込まれて、兆民の立場が微妙になっていること、そのためもあって東京に居を移して、東雲新聞の記事が激減していることにつながっているのだろう。この新聞の最後の記事は全集で見る限り二三年の一月二一日であり、そこにはこうある。大同団結を持ち上げて、「是れぞ立派なる主義なりと唱え居たる豪傑先生連も、何日しか自由の文字を提起して看板の正面に書き立てて、主義的の錬金術を行うに至りたるはいとも目出度き事なりかし」（放言否法言）。これはもちろん自由党再建を突き放した皮肉である。

兆民の政論活動はすでに終わっている。

そうした中で、京都の「活眼」に掲載された「衆議院議員の一大義務」なる訴えが注目に値する。本年開設される国会において、議員の義務は多々あるが、何よりも「国会の基礎をして固からしめ、国会をして成立たしむるに必要なる一大義務」がある。すなわち、「憲法に就いて意見を陳述すること」だ。

憲法なる者は必ず、君上と人民若くは人民の代表者と相共に図謀参画して後之を定むべきものなり。故に若し国会にして憲法を点閲し、意見有るに於ては意見を上奏するの権無きときは、是れ国会にして基礎無きなり。夫れ、諸般の法律を議定することは固より大事なり。然れども、国の根幹たる憲法に就いて一言を出すを得ざるに於ては、其国会は真の国会に非ずして行政の一諮詢官たるのみ。（二月二九日、全集12、七三頁）

そもそも議会の上奏権はこれを憲法が許している（第四九条）。だから衆議院議員の一大義務とは、「憲法を点閲する可きの意を上奏し、謹で其裁可を待ち、然後委員若干名を選みて逐条審議し、意見有るに於ては虚心平気以て之を討議し、更に全会の議に附して其議を決し、再び上奏して以て陛下の制可を仰ぐ可きなり」。

断るまでもなく、この提案は自由党の党議第一項「国会に於て上奏して憲法を点閲する事」に他ならない。兆民がすでにその国会論の核心として主張してきたことである。なるほど憲法は欽定である。

だが、議員の上奏権をかように活用すれば、議会による憲法点閲は天皇大権に抵触しないというのである。だから、憲法点閲は国会の権利であるばかりか、議員の一大義務である。国会は憲法が規定する天皇大権にまで手を突っ込むことが可能だ。では来るべき国会に於て、憲法の何をまず点閲すべきなのか。思いもかけず、政府提案の予算案の査定権をめぐって、これが第一議会最大の争点に浮上するのである。憲法の抜け穴とも言うべき条項が問題になるからだ。やがてこの件に触れることとなるが、しかし同時にこの一大争点が、またまた民権諸党の再分裂をもたらすことになるのだった。同時に、議員としての兆民の政治生命の終わりとなる。

議員誕生

さて、憲法発布の翌年明治二三年七月一日は初めての総選挙である。三分解した旧大同派はそれでも庚寅《こういん》倶楽部を名乗って選挙に臨んだ。結果は以下の通りである（松永、下一四七頁）。衆議院定数三百人のうち、庚寅倶楽部一一四（大同倶楽部六二、愛国公党三三、自由党一九）、立憲改進党五〇、九州連合同志会一五、自治九、保守四、中立その他一〇八。ただし、選挙資格は直接税一五円、二五歳以上の男子で総数四五万人であり、これは内地人口の一・一三パーセントに過ぎなかったという。

次いで、一一月二九日がいよいよ第一議会の開催となる。この間、議会での活動を目指して再度民党の合同機運が動きだす。だが結局、改進党を丸ごと取り込むことはできず、旧自由党諸派がそれぞれ解党してここに立憲自由党が誕生する。議員の陣容は、立憲自由党一三一、改進党四三、大成会八五となり、改進党を含めた民党連合は一七四、堂々の衆議院過半数をなした。立憲自由党は苦心の結成であったが、来るべき議会活動を見据えた民権各派の野合という性格は否めない。政府による「集会及政社法」の公布（七月二五日）がこれを促した面もあったという。この法規は政社間の「連結通信」までも禁止するものだった。倶楽部あるいは党派間の連合は許されず、各派は別個に活動するか、それとも合同して一つの政党を組織するかの選択を余儀なくされた（松永、下一五〇頁）。先の自由党再興の場合に比べても、地方からの大衆運動を背景とした合同という機運を欠いたであろう。なお、大成会とは中間派であり兆民は俗人党と呼んでいる。この大成会が、第一議会の予算審議で重大な役割を演じることになるだろう。

なお、立憲自由党の「綱領」は次の三項である。「皇室の尊栄を保ち民権の拡張を期す」、「内治は干渉の政略を省き外交は対等の条約を期す」、「代議制体の実を挙げ政党内閣の成立を期す」。そして「党議」の先頭には、「政務を簡便にし政費を節減する事」を挙げた（明治二三年九月一〇日、全集17）。この政費削減要求は第一議会で直ちに一大案件となり、文字通りにすったもんだの末に、立憲自由党そして兆民の命運を決めることになるだろう。

立憲自由党の結成経過はこんなところであるが、兆民は熱心にこの合同を進めたようである。しかし、これに関して、公けに論及することは今回も一切ない。自由党の再興以降、兆民の言論活動はその機関紙「自由新聞」、加えて、合併後は「立憲自由新聞」を舞台に展開されるが、ここにもこの党の由緒などについての論説はない。ただ一つ、やたらにと言えるほどに、党への「統一と団結」を強調する意見を提起しているので、あらかじめ見ておきたい（「立憲自由党の急務」、立憲自由新聞二四年一月一日、全集12、一六一頁）。

立憲自由党の有様は世人の知るところだが、その将来いかんとなれば誰も知る者はいない。党自身が知らない。これをただ自然の成り行きに任せておくとすれば、固結でなく散乱が将来だ。ここで幾分人為的な工夫を加えて、この大団体の組織固めをしておかねばならない……。こう切り出して、兆民は党の内情分析に取りかかる。立憲自由党は旧自由派三団体と九州同志会からなるが、そのいずれも自由進歩の主義を執る人物の集合である。立憲自由党である。それで党員たちは独立性が強く、一騎討には極めて適当、だが隊伍を組むには極めて不適当の者たちである。とはいえ一たび党を成した以上、感情的投合のほかさらに理屈的投合が必要だ。「自愛心を後にして愛党心を先にし、党議のもとには奴隷と成り、党策のもとには僮僕と」ならねばならない。立憲自由党をして一箇の大有機体となすのだ。それなのに現状は、党員ありて党そのものはなし、空中をふらふらする一大無血虫たる団体になっている。党の幹事役員に向かっても遠慮なしの態度、これはよしとする。だが、「党員としては唯党議の精神をもて己の精神と為し、党策の方針をもて己の方針と為す」べし。議場中の同士打ちはよせ。議院における我が党員の一言一動、必ず「党」の文字を冠とせよ……。以下、こんな調子で綿々と党員の規律を説く。要は「政党の団結」だ。

立憲自由党の内実はこれほどまでに呉越同舟であったのだろうが、しかし兆民の提言はもう党の政治文書ではない。悪名高い党の「民主集中制の類」としか評しようがない。兆民の勧めを裏切るようにして、議会における政府との抗争に直面して、立憲自由党はたちまちに分解する。しかしそれでいて、この経験を通じて近代の議会政党、政党政治の概念が否応なくこの国にも定着していくのである。これが言うところの明治憲法体制の成立である。

さて、大略こうした党派状況を背景に、衆議院議員中江篤介は第一回議会に乗り込んでいった。

四千万人の砂漠

ところで、ここまで兆民の言論活動を追ってきて、一つ気になることを書き落としてきたような気がする。新聞記事でもなく、政治文書でもなく、およそ読者を端から拒んでいるような独白調である。第一回帝国議会の開会を目前に控えた二三年の秋口に、自由新聞に続けて書かれたいくつかの文章のことだ。「砂漠」「無人島」なる暗喩が共通にちりばめられている。

引用がむつかしい。それでも片鱗を挙げてみる（無人島の居民、一〇月三一日）。「政党の捏返《こねくりかえ》しもまず一段落を告げたり。法律規則の製造も大半片付きたり。しからば天下耳目の集まるところは、唯国会の蓋明けの一事にあり」。こう切り出して「秋は感慨の時節なり」と続く。ただ呼吸し飲食するだけの肉塊にも、「秋の一気に侵されては、悲むとか、懐《おも》うとか、憤うるとか、憂うるとか、幾分の刺激を受けざるを得ず」。そして、「沉《ま》して東洋未曾有の建築物たる国会が、此の秋候に際して、我日本帝国の首都なる東京の真中に、屹然湧出し来るに遭うては、機械的になりとも、視線をこの一方に向けざる者有らん哉」。

だが、一たびこの建築物から視線を巷に向けて見よ。株価下落、商業不振、金融逼迫、富民は金庫を閉じ貧民は饑《うえ》に苦しんでいる。民間は閴寥《げきりょう》として無人島の闇夜の如くだ。そして、この無人島にも秋が来た。この無人島の居民四千万人は寂として音も立てていないが、一たび搖撼せらるるときはいかに轟発するだろうか。「国会の結果は、此等感情的動物をして欣喜の感を発せしむ可き乎。将た憂悲の感を発せしむ可き乎。将た石地蔵の突立ちたる如く欣喜もせしめず、憂悲もせしめず、唯彼等の視線を機械的に受けたるのみにて已む可き乎」。

以上は一見、国会開催を前にした一議員の期待そして危惧の感慨と思わせるが、そうではあるまい。続いて、「四千万人の砂漠」と題する記事が来る。現今この貧弱国の唯一の政策は節減と称する情け無きき収縮的手段ばかりで、民は顔面蒼白皮肉乾燥した肺病患者であり、しかも牛乳も肉滋もともに口にすることができない。「是れ何国の政治社会ぞ」。世の中はまた法律、法律、法律の海に溺没しながら、目を張り、口をふるわせ、声音の身代限りをなして、狂呼して曰く、「是れ文明なりと」。全国民はまた代言人、原告また被告、人を弁護し自ら弁護、告訴し、裁判をして、「一国を挙げて一大法廷」となる。哀れなるは士百姓、裏店の大工、左官、紙屑屋、払うところの間接直接税、「是れ何の社会ぞ」。高帽に燕尾服、フロックコート、「総て是れ啖《たん》（食らう）人鬼、都て是れ相食動物」。「茫々砂漠中是れ見よがしに突立んとする国会、饒舌り政党、茫々砂漠中定款をかさに強盗的の腕力を競い合う実業家。「此地球一部の大陰世界、山嶽将さに塵と化せんとす、河海将さに煙と化せんとす」。

……

引用の煩に耐えないが、もう一つある、「天外地表の一国土」（一一月七日）。「茫々砂漠中政治を蒔き、法律を植え、文明を飼い、開化を餵い、学者を育し、豪傑を養わんとして、茲に乃ち戸口滋息したる無人島を現出し、政治は虚屋と成り、法律は反古と成り、文明は煤煙と成り、開化は湯気と成り、学者は幽霊となり、豪傑は鳥羽絵と成り、一国を挙げて踏潰したる蛍火の如く、打毀したるがらがら煎餅の如し。是は何国の社会ぞ」。

見られる通り、漢語交じりの語群の延々たる畳み込みであり、さすがに多くを省略して引用した。この砂漠国の光景は、何国のせいぞ、何国の社会ぞと繰り返される。勢い盛んに社会の窮状を告発する文体ではない。帝国首都の真中に屹立する幻の国会への畏怖の念でもない。兆民は二年に及ぶ大同団結運動の分解の後に、あにはからんや住民の一人となってこの国会の前に立ちすくんでいる。私のかんぐりに過ぎないが、大同団結運動の解体後における兆民の心象風景のように読める。心の中の無人島であり砂漠である。以上に煩をいとわず、この文体にできるだけ近づこうとした所以である。

10　中江兆民退場　明治憲法体制へ

退場、無血虫の陳列場

衆議院彼は腰を抜かして、尻餅を搗きたり。総理大臣の演説に振慴《しんしょう》し、解散の風評に畏怖し、両度迄否決したる即ち幽霊とも謂う可き動議を、大多数にて可決したり。衆議院の予算決議案を以て、予め政府の同意を求めて、乃ち政府の同意を哀求して、其鼻息を伺うて、然後に唯々諾々其命是れ聴くことと為れり。議一期の議会にして、同一事を三度迄議決して、乃ち竜頭蛇尾の文章を書き、前後矛盾の論理を述べ、信を天下後世に失することと為れり。無血虫の陳列場……已みなん、已みなん。

有名な兆民の「無血虫の陳列場」という告別声明である。もうやめた、もうやめだと（東洋自由新聞、明治二四年二月二十一日、全集12、二五九頁）。これと同日付けで衆議院議長宛てに議員の辞表を提出した。辞職理由は「亜爾格児《アルコール》中毒病発症による歩行艱難」であった（全集17）。

事の起こりは、政府の二四年度予算案にたいする衆院予算委員会の査定にある。政府提案では歳出総額八、三三二万円だったが、自由・改進両党員からなる予算委員会はこのうち八一九万円の削減を突きつけたのである。歳出のうち、軍事・公共事業・国債償還の費用には不文律として手を付けない。その上で両党は民力休養を旗印に、地租引き下げと地価修正に充てるべく先の八〇〇万円超の減額を要求した。先の三費とこの減税分を除くと予算額はあと二、七六七万円しか残らない。これで政府各省庁の行政費を賄えと言う。政府が到底呑める案ではない。ここから政府と議会、そして議会の諸党派内部で騒動が持ち上がる。

私は以下で、予算査定案が衆議院本会議に報告された一月八日から、兆民の議員辞職の二月二一日に至るまで、議会の攻防とこれにたいする兆民の言論とを追っていこうと思う。ただ、あらかじめ断っておきたい。その一つ、初めての議会がいきなり直面したこの大騒動の経過説明が私の意図ではない。その際の立憲自由党の体たらくを、自由民権運動にたいする裏切りの成れの果て、端的に板垣退助を筆頭とする「土佐派の裏切り」のせいにするのが、今日でも大方の見方であるかもしれないが、私の関心ではない。むしろ民権派のこの体たらくを通じて、その後に我が国の近代における議会政党と政党内閣制が初めて端緒につく。つまりは、明治憲法体制なるものがここから試行錯誤を始めることを念頭に置きながら、ことの顚末をフォローしていきたいと思う。

もう一つは、もちろん兆民の言論である。衆議院議員中江篤介は議場にあっては終始だんまりを決め込んでいたらしいが、筆は違う。機関紙「立憲自由新聞」を通じて毎日のように紙鉄砲を放ち続けた。その底意に絶えず見え隠れするのは、かの憲法点閲である。議会による政府予算の査定にあくまで固執することが、どうして憲法そのものに手を突っ込むことにつながるのか。兆民たちはおそらく無意識にも、事態をこの点にまで追い詰めようとした。結果的に見れば人為的で荒唐無稽の目標であった。だから玉砕し敗北する。この敗北はしかし、兆民にとってはルソー民約論以来の民権論、国会論の頂点であり、自爆であった。この間約一か月の兆民の言論を追っていけば、私の兆民論もまたフィナーレにたどり着けるかもしれない。これが私のもう一つの関心である。

以下、事件の経過を短く要約しながら、その都度の兆民の応答を読んでいく（兆民の論説はすべて立憲自由新聞、全集12巻から）。

国会議員の政党的良心

予算委員会が査定を終えた一月七日、立憲自由党の議員総会（弥生倶楽部）が開かれて、この査定案を「党議」決定する。まずは順調な滑り出しに見えた。しかしすでに、一部議員から査定の八〇〇万円節減を七〇〇万円に修正する動議が出て、これを否決するという一幕があった。採決では出席議員七四人のうち党議賛成は四二人で、すでに修正派（軟派）が党内に相当数いることが顕在化したのである。また、この議員総会には十名の壮士連中が乱入して、植木枝盛らが負傷した。

兆民はといえば、すでに予算委の作業中の前年一二月二三日に「予算委員諸君に妄言す」を発表して、いわばはっぱをかけていた。「諸君の頭上には党派という円光の外、さらに国民という大円光があるのではないのか」。節減要求額の多寡などは金額であり数字であって、主義に非ず党議に非ずと。だから当然、議員総会でも断固党議支持であった。また言う、金額に固執するのではない、減額のための減額要求ではない。「行政機関の運転を打破」することなく、かつ民の負担を軽減するにはかく踏み込むことが重要なのだ。議員総会での意見林立はかまわない。それに、軟派と見れば政府による収賄、籠絡、抑遏《よくあつ》の工作が行われる。だが決議した以上はこれを己の意見と見放すこと、これはつまり「政党的道徳心」の問題なのだ。道徳心なきときは政党はあれどもなきがごとし。おのれの意見に固執してこれを再度議場に持ち出すとすれば、自ら脱党的行為をなし党派的裏切りをなすことになる。「公等の心身は公等の私有物に非ずして党員全体の公有物なり」。党員総会一場の議決は「公等政党的良心の試金石」なのだ（弥生館の決議、一月九日）。

ここでもまた「統一と団結」の号令である。ただ、減額のための減額でない、行政機関の妨害ではないという兆民の抗弁には、ここであらかじめ留意しておきたい。政府と議会、民権派の非妥協的な対決に至る以降の経緯では、むしろ対決それ自体の重みが増していくのである、ことに兆民にとってはそうだ。なお、議員総会への壮士の殴り込みに関しても、兆民はすぐに反応している（殴打の時代、一月一〇日）。「二国是れ疑心、妬心、貪心、嗔の殖民地、殴打の時代、果て殴打に止まる乎。殺死、殴打相場の迫上げたる殺死、殴打国と殺死国との境上誰か能く不可越の巨濠を鑿開し得る者ぞ」。殴打の今日が切れ目なく殺死の明日に繋がっていくのではないか。

ただ、私が今この一文を引用したのは他でもない。意味は明瞭である、それでいて漢語交じりの短い語群をこれでもかと繰り返す文体である。すでに昨年の論説あたりから始まっているスタイルだが、文体の勢いなのか、たんなる投げやりか。リズミカルと評すべきか、くどいだけか。これなどまだおとなしいほうであり、時に一文に繰り返しが十、二十と続いてうんざりさせられる。とてもそのまま引用できる文章ではない。致し方なく、以下では切り詰め要約することがあることを、ここで断っておきたい。

立憲自由党の党議にはすぐに党内から異論が表面化する。一月九日、山県有朋内閣の大蔵大臣松方正義が衆議院本会議で査定報告に「不同意」を表明した。翌一〇日には、立憲自由党院十数名が帝国ホテルに会して、歳出減額を七百余万円に値切る修正案の提出を決めた（ホテル派）。兆民は松方の不同意声明にすかさず反論した（大蔵大臣の演説、一月一二日）。予算委員会の査定は「政府の同意を得ること」を目的にしてのことではない。行政機関を妨害せず、しかも民力休養を目的としている。もし初めから政府の同意そのものを目的とするのであれば、政府原案をそのまま通過させればいいのだ。深く原案を査定しての結果なのだから、議員たる者後は「天下の輿論に訴えて」目的を達するのみだ。内閣としては、議会の意思を重んじ人民の疾苦を救うことを切に願うのであれば、予算案のうち不要不急の項を棄て、「出来難き相談を容れ承認し難き要求を納れてこそ」、立憲政治の機関がここに運転の功を奏することができる。

とはいえ、このロジックに納得する政府行政関係者はいないだろう。政府予算は「議会の承認そのものを目的としたものではない」と。それゆえ兆民の論理は、国会と輿論の一致した意思により政府行政を羽交い絞めにするのだというに等しい。政府は国会（契約人民）の傭人だとするルソー民約論にまで、遥かに跡をたどれる政治思想である。

であれば、後は力関係次第ということになるかといえば、そんな乱暴な話ではありえない。なぜなら今は立憲政治がその実を示すことが大切なのであり、それがいきなり国会の予算審議権いかんの問題として、議会と政府双方に突きつけられたのであった。憲法でも、「国家の歳出歳入は毎年予算を以て帝国議会の協賛を経べし」（第六四条）とうたわれている。予算の衆議院先議権も定められている

（第六五条）。大日本帝国憲法では唯一この条項に、国会の専権が規定されているのだと了解されていたのである。

けれども、この憲法の法律論に同じくまた紛糾の根拠があった。第六四条の予算審議権の例外規定に当たる第六七条が挟み込まれていたのである。いわく、「憲法上の大権に基づける既定の歳出、及法律の結果に由り又は法律上政府の義務に属する歳出は、政府の同意なくして帝国議会之を廃除し又は削減することを得ず」。このうち今回特に問題になるのが「憲法上の大権に基づける既定の歳出」である。ここで大権とは実際上は行政大権である。これにより、議会の査定に同意するとしたら、政府はその行政機構に多方面の再編を強いられずにはすまない。省庁部局の統廃合による経費削減や吏員たちの定員や俸給の変更などである。これを「官制の移動」と呼ぶ。そして行政権こそは、憲法の定める天皇大権に他ならないのだった。すなわち、「天皇は行政各部の官制及文武官の俸給を定め、及文武官を任免す」（第十条）。そして第六七条によれば、政府の同意なくして大権事項の変更（官制の移動）はできない。大蔵大臣松方正義が本会議で表明した「不同意」こそがこれに当たる。では、政府と議会のこの氷炭あい容れぬ対立はどうすればいいのだ。

憲法点閲の目論見

私はしかし、ここで憲法解釈問題に深入りするつもりもないし、その必要もない。要は兆民のことなのだ。すでに「国会論」のところで指摘したが、「諸種の租税を議定してこれを賦課し以て政府各色の費用に充つることは独り国会の任ずる所なり」。これは「余りに明白にして殆ど陳腐に属し」、

「此一事の行わるると否と、是れ正さに文明国と野蛮国とを分劃する標木と謂うべし」と書いた兆民である。だが、今は大権事項が立ちはだかっている。そしてまさにこの点で、兆民が今国会に込めた憲法点閲という課題が浮上するはずであった。いきなり大権を変更などできない、だが、歳出削減案をあくまで政府に突きつけることにより、この膠着状態を上奏に持ち込み、天皇の裁可を得て再び国会審議に持ち込むのだ。およそ「憲法なるものは君上と人民の代表者たちが相共に参画して定めるもののはずである」（「衆議院議員の一大義務」）。これぞ大権、いや租税審議という憲法条項を点閲し、人民の憲法へと作り変えていくほんの一歩ではないか。民党による歳出削減は、たしかに「政府の同意そのものを目的とするものではない」のだった。

私は今兆民の隠された意図をこんな風に忖度してみた。ではどうなるのか。一方には政府の不同意があり、他方では議会は査定の変更は不可とする。しかし政府としては、八〇〇万削減のやりくりは不可能だというのであれば、前年度の予算を踏襲するしかない、つまり予算増ができなくなる。でなければ、議会解散だ。議会の予算査定に固執することは、極言すれば政府を解散に追い込む戦術なのだ。解散を賭けることによって、脆弱な立憲自由党の党的団結を一気に固めるのだ、そういう憶測も巷間で囁かれていたようである。

兆民はさらに追い打ちをかける（官制は議員の口を箝する器具に非ず、一月一六日）。予算査定案の議決を主張する硬派にたいして、軟派はいや削減額を五〇〇万にせよと値切っている。だが、これは金額の多寡の問題ではない。本音では、軟派は憲法に違背し官制を移動することになる結果を恐れているのだ。だが、査定堅持派とて「直に憲法に容喙して官制を移動する」ことを要求しているのではない。減額の結果として官制に波及するとしても、官制をどうやりくりするかは行政部の仕事である。議会が直に官制を移動するというのは言いがかりだ。行政部が部局の合併や人員の淘汰を行い、ここに初めて官制移動の実を見ることができる。現政府の財政に冗費多し、その削減は人民の大なる要望である。官制大権の件を議員の口をふさぐ器具にしてはならない。

だが、解散を嫌うのは今も昔も変わらぬ議員心理である。軟派による修正主義は解散回避が本音だと兆民は書いた（解散の避雷柱、一月一七日）。「査定案是れ邪宗門、是れ異端説、是れ破壊党、是れ破壊党の牒語、是れ無責任の白状。修正案是れ議会解散の避雷柱、是れ政府同意の祈禱呪」。いや、軟派に言わせれば、あくまで邪宗門に固執する硬派は、かえって立憲政治の実をそこねるものではないか。実際、最終的には政府と議会の交渉で妥協が成立し、削減額六三一万円が確定した。議会政治の立派な成果と評価すべきである。硬派のごとくあくまで政府を追い詰めては、元も子もないことになるだけだ。ここにも、自由民権における党なる観念と議会政党との齟齬が、図らずも露呈していたのである。同じ対立ははるかに戦後民主主義にまで持ち越される。

議会政党への道

ここで私が議会政党というときモデルにしているのは、古く英国流というより、欧米の社会民主主義政党である。欧州諸国では、二〇世紀に入るとマルクス主義が革命派と社会民主主義に分裂する。そして後者社会民主党が保守党と対抗あるいは連携して、マルクス派を排除しながらごく最近に至るまで、保革二大政党体制を運営してきたのである。この運営がいわゆる立憲主義、議会制民主主義であり、そこでは議会政党の成立と安定が不可欠の要件であった。私は衆議院議員中江篤介の時代に、この意味で立憲政治の始まりの迷走を見たいと思う。なお革命を呼号する党員を抱えたまま、自由党は社民党へ転生しなければならない。

しかしそれにしても、明治憲法体制から政党内閣制の実現まで、長い時間が費やされた。当初は藩閥政府の超然主義がこれを阻んだし、維新第二世代の官僚にバトンタッチしてこの体制が維持された。それになぜか、マルクス主義とロシア革命の影響が及んでくる大正時代、それに第二次大戦の戦後になっても、欧米の意味での社会民主主義政党が根付くことがなかった。わが国のこの長い近代政治史の始まりを、中江兆民の玉砕主義とその敗北とに見とどけたい。兆民が亡くなるのはまさしく二〇世紀の開始、明治三四(一九〇一)年のことだった。

さてまた元に戻る。立憲自由党の削減案護持にたいしては、他ならぬ本家本元たる土佐派の栗原亮一から党議の再審の訴えが出て、党内が一層紛糾した。これには兆民が調整に動き、板垣・栗原らの脱党騒ぎがひとまず収められたという。こうして党の分裂が表面化するなかで、立憲自由党では臨時の党大会を招集し、各府県代議員二四〇名が参集した(一月一九日)。「立憲自由党将に大会を開かんとす」と兆民は書いた(一月一八日)。我が立憲自由党は、「結党式の当日より、己れ自身に七顚八倒して、混雑又混雑、或は脱党する者あり、或は除名せらるる者あり」という状況にある。各人雑多な動機で党に参加しているのだから、表裡一致の効を挙げるのが難しいのは無理もない。だが、党員たる者愛党心を先にして愛己心を後にしている以上、党そのものに分離の大原因があるはずがない。分裂の原因を切開し、長く禍根を断つようにせよ。自分の意見では、党分裂の原因は予算査定の党議そのものにある、いかにもこれは「急普請の党議」だった。今大会の急務は、党員若干名を選んで党議の細部を詰めることだ。そうでなければ党員ありて党なく、立憲自由党は経巻なしの坊主の団体に終始してしまうだろう。兆民は結論先延ばしの妥協案を出したのである。

こうして、党議貫徹を求める兆民の言論はほぼ一月いっぱいをかけて、まだまだしつこく続けられる。私の方もここで付き合いをやめるわけにはいかない。まず、今さらながらだが「査定案是れ我党の旗幟」である（一月二四日）。予算委員会の査定案は改進党と我が党との共同の決定であるが、改進党は改進党。我が党は過日弥生会館での党議を以て、必ずこれに服従すべきだ。「査定案は是れ我党員議員の頭上に在りて、方《まさ》に光彩を放ちつつある平民主義てう大円光と表裡一致」すべき大円光である。党員たる者は一身にこれを護持し、猶予することを許さない。「立憲自由党頂門の一針」（一月二二日）、先日の我が愛友栗原亮一の党議修正提案、これにたいしては我が党の少壮ジャコバン派というべき前川虎造が猛抗議に出た。板垣爺々はこの前川と相撲でも取ろうというのか。星、河野、大井、鈴木の諸君は、我が党の督理官ではないのか。今日我が自由党が無規律発熱状態に内攻しているとき、督理官たる者、なにゆえ一喝の声を発しないのか。今、自由党はさながら自党・反対党の混合団体かと思わせる。

同じ訴えは続く。結党からこれまでの立憲自由党の歴史は狂病者である。安穏無事に立働くことは一日もなく、健全に復することはもう到底見込めないのか。この狂病者を打ち捨てて、他に一個完全なる政党を造作することなどできるのか。だが、党のこの七顚八倒状態の内にも、頼もしくも前途有望の分子が存在することを知らねばならない。また見よ、封建専断の我が蜻蜓一洲の天地をひっくり返し、ここに自由の地を切り拓いた板垣翁を見よ。その板垣は今や自由党を見捨てて、別の政党を樹立せんとまで決意する厄介老人ではないのか。自由党の父たる板垣翁はこの大家族から家出せんと決意しているのか。だが知るべし、翁もなお我が狂人党中の一員であり、星、河野、大井、鈴木の諸君もまた然り。自由党は厳然たる一癲狂国なのだ……。以上は「狂人国」（一月二三日）からだが、あい変わらず板垣退助への情実、そして土佐派の離反を食い止めようとしている。自由党というこの動物は、兆民の思い込みとは別の形でだが、以降も明治期を通じて（板垣とともに）しぶとく生き続けていくのである。

政府これ国、官吏これ民

すでに見たとおり、予算委員会による歳出査定案の議決に際して、軟派からは減額修正が、政府からは不同意表明がなされた際、焦点は「官制の移動」の是非にあった。兆民にとってこの問題は、国会の査定案議決の後に政府が行政の冗費を減らせばいい、それだけのことだ。しかし同時にその隠れた意図として、官制という天皇大権に手を付けることを通じて、帝国憲法の改正の糸口とする。そして、兆民の言論を通じてこの問題を追いながら、私にはもう一つ気付かされたことがある。明治藩閥政府における行政・軍政の官僚制の肥大化、そして維新の元勲から第二世代の官僚群への権力の移動ということだった。かの査定案が官費に手を突っ込もうとしたとき、激しくこれに拒否反応を示した震源地がここにあったのだ。大体、衆議院議員自体に官吏出身者が少なからずいたはずである。いわゆる「書記官者流」である。選挙に当たって、彼らが「近日続々候補者と成る支度をしている」とぞの意気込みを兆民が語っている（官吏の議員候補者、明治二三年三月一六日、全集15、46）。明治官僚国家、そんな関心から兆民を読み続けるとき、この時期に関連する一連の論考があることに気付くのである。読んでいこう。

明治政府が一躍西欧諸国と比肩せんとしたとき、その財源には不釣り合いな巨額の支出が生まれた。人であれ物であれ、官の字を冠するものは皆盛大に、これに反し民の字の付く者は皆衰小に扱われて、今や一国を挙げて脳充血症になっている。今回の歳出減額案はまさにこの官の肥大を是正せんとするものであって、もとより「政府の破産」を目論むのではない。九時に出省し三時に退出、その間新聞を読み雑談し灰皿を叩き、時には署名捺印する。かくのごとく「租税の奉に衣食して来れる人種の員数を減ずるに過ぎざるのみ」。この人種の台所を潤し、他方で、日夜働いて自ら食らい人に食らわす類の人種、その台所を干からびたままにする。一国の財政にとって、はたして喜ぶべきか悲しむべきか（啖人鬼を減ず、吸血鬼を減ず、一月二四日）。

以上は無論官民格差を難じる意見なのだが、背景には急激な近代化（富国強兵）がもたらした官制の肥大化がある。この二十年余もっぱら維新元勲がたらい回しに内閣を組織してきた。この内閣を支えその動向を左右するまでに増殖してきたのが、省庁次官級の官僚、そしてまたこれを支える膨大な官吏なのである。彼ら租税坐食の官人は何の功徳でこの世の栄華を専らとし、逆に平民は何の大罪のせいで窮状を永遠に免れることができないのだ（官制、一月二五日）。

つまるところこの国は「政府国」なのだ。商業国でも、工業国でも、農業国でもない。「政府是れ国、官吏是れ民、尋常一般の民は是れ堕落動物」なり。「凡そ社会上に頭を擡頭する物類は、皆租税の奉に衣食せざるなし」。この政府国の金庫から九百万、七百万を減じてこれを人民の嚢中に留めるとして、何の経済学に反するものか（政府国、一月二八日）。

官僚制の権力は政党内閣を嫌う。それがいわゆる超然主義内閣として明治末年まで、この政府国の議会を差配していくだろう。自由党は議会政党に脱皮せざるをえない。しかし、これが対抗して変貌していくべき相方、保守党もまたそれとして自立できない。自由党がその再興に際して掲げた「政党内閣の実を挙ぐる事」は、いつになったらどうなることか。

自由党万歳

さて、国会第一議会における議会と政府の対立、兆民の言論戦も、そろそろ終局に近づいている。議会は予算査定案をめぐって軟派議員による動議また動議、その否決が繰り返されていたようである。その結末にたどり着く直前、これまで追ってきた兆民の論戦をまずは次の引用により総括しておこう。

立憲政治は我邦第二の維新なり。これまで参政権なかりし人民が、代人を差し出して、立法協賛の権を得ることは、我邦に在りて実にこれ天降地湧の新事態なり。我帝国議会は、この第二の維新を表明する一新事物なり。これにたいする天上の内閣も、幾分その旧を棄てその新に就くの光景なかるべからず。是れ事理の宜しく然る可き所ろたり。（雲上の縉紳《しんしん》地上の動物、明治二四年一月三〇日）

さてこうして、立憲自由党の結束のクライマックスのようにして、二四年一月三〇日には議員総会を開催し、査定案を党の唯一の議案とすることが決定された。板垣退助の斡旋が功をそうしたのだという。以下は、党のこの統一と団結にたいする兆民の最後の挨拶に当たるものである。兆民の言論も終わりに近づいている。

一昨三十日自由党役員並びに議員諸君相共に事務所に会し、予算案の件に就いて討議し、「ホテル」派修正案を主張せし諸君も遂に多数決に従い、査定案を以て我党唯一の議案と為すに至れり。是れ真に慶す可べき事たり。始め板垣翁大に我自由党員の所見動もすれば分裂して内自ら弱むるの弊に陥るを患い、今這回査定修正両案の相抵触するに及び、翁殊に之を憂い、日々会議に臨み之れが調停和協を勗《つとめ》たり。今や修正案を持せし諸君も幡然其自説を棄てて査定案を賛するに至りたるは、諸君の公平無私、党論を重んずるの致すところなりと雖も、抑々板垣翁の真摯公直にして信を我党員諸君に得るの一事も亦、与りて力有りしと謂うべし。（自由党万歳、明治二四年二月一日）

まさかこの一致団結をそのまま信じていたのではあるまいが、ともかくもこの一か月の党内ごたごたが落着したことを祝う言葉である。さらに続ける。「思うにこの一事は、独り這回予算案に係りて好果を結びたるのみならず、後来我自由党の運動に対して好箇の模範を垂るる者と曰うも夸虚《こきょ》に非ざるなり」。「今より以往、我党議員百余名協和一致して或は主張し或は駁撃し、起立不起立整然として一心同体の如くなるに於ては、大成改進其他各派も亦自ら敬憚する所有りて、議場の大多数を行うこと必ずしも難きに非ず。夫れ然後政党の運動始めて実を挙ぐるを得可し」。されば、吾人衷心実に感謝に絶えず、茲に大声して自由党万歳と呼ぶこと爾《しか》り。

ところが、二月に入っても予算査定案の修正や、政府との交渉同意を求める動議が次々に出ては、これを否決することが繰り返された。そしてその挙句、二月二〇日、他ならぬ植木枝盛ら自由党土佐派の議員たちが、大成会天野若円議員提出の動議に賛成票を投じてこれを可決してしまった。賛成一三七、反対一〇八であった。この天野動議とは、予算案につき各条審議が終わった時点で、つまり議決確定するその前に政府の同意を求めるというものだった。「土佐派の裏切り」である。兆民は怒る、「衆議院に於て、仮に予算を議定して、然後政府の同意を促すと為さん乎、是促すに非ずして、請うなり、願うなり、機嫌を伺うなり、立法的に髭の塵を払うなり。衆議院の自ら屈する、是れより甚しきは莫し」(天野若円氏の緊急動議に就いて、二月二〇日)。政府は当然不同意、ここに議会と政府との妥協が成立し、交渉の結果歳出削減額六五〇万円が認められた。

立憲自由党はその後三月に大阪で大会を開き、自由党と改称したほか板垣を総理に推し、かつ総理権限を拡大、議員党員の権限を強化したという。兆民はといえば、冒頭に記したように「無血虫の陳列場」に辞職届を提出して、七月には北海道小樽へと旅立っていった。

政治文書としての兆民

さて、私の兆民論もこの時点で唐突に終わる。民約訳解は別としても、ほとんどもっぱら新聞雑誌上の兆民の言論を政治文書として読むという目論見がここに終わるのである。この意味で兆民の政論活動は、自由民権運動がなおその名残をとどめていた時期に重なっており、最初の「東洋自由新聞」に始まり「立憲自由新聞」に終わる言論は政治文書として読まれるべきだ。これが私の意図だった。自由民権運動と共に兆民の政論人生も終わる。

兆民の言論活動がいかに「東洋のルソー」の面目を引きずるものであったかについて、ここに相反する二つのことをまとめておきたい。一つはやはり国会論に関わることであって、兆民は最後まで「国会とは読んで字のごとく人民の集会だ」との観点を貫いたであろう。まとまった国会論を三度ほど繰り返しているが、国会開設の詔勅以降も、国会に代議士を送り出す人民の側の力（選挙人会）に言及することを忘れなかった。それ以前、国会開設がもっぱら民権論者の要求であった時期には、いわゆる人民の大集会が先行的に国会を開く、いわゆる私立国会の主張のうちに、兆民のルソーが姿を見せていたであろう。帝国議会でも一方的に下賜された憲法を「点閲」することが、民権派代議士の「一大義務」だと主張して止まなかった。これらを通じて、結社の乱が東都に結集して自らの国会を開設するというイメージが兆民にはあったものと思われる。

しかし、兆民の政論活動を通じて私がもっとも感じ入ったのは、やはり政治集団（結社や党や政党）の形成と分裂抗争に直面し続けたこと、この状況に訴え続けた兆民の政治文書である。ところが、ルソーの政治体では分裂抗争など定義上あってはならないのだった。一般意志は常に成員の全員一致を要求する。自己にとって他者が存在せず、従って対自と対他の自己二重性が顕在することもない。この要請の直接の結果は超越的理念の下での統一と団結、さもなくは完全なアナーキーである。もしかしたら、結社の乱における個々の民権結社の盟約のうたに、ルソー政治体の響きが感じ取れるかもしれない。だが、兆民の政論にはこの点でのルソーは影もない。どうしてだろうか。

一つには、兆民の東洋的な道徳の観念が明らかに関係している。孟子の浩然の一気がこれだというが、そこに他者との倫理的規範性はない、知らない。加えて、これにどう関係するのか、政治上の真理は言論の党派闘争を通じてしか顕現しないという考えを、兆民は早くから表明していた。ルソーなら個人的にも死ぬほど嫌いな政治だと言うだろう。それに何より、党派闘争こそが兆民に与えられた政治の現実であった。最初の党派闘争論は明治一四年、結社の乱の全国評議会が分裂解消してしまった直後のことだった。次は大同団結運動、裏を返せば、再度の民権運動が国会開設を目前にして分裂する時期のことであった。そればかりか、自由党と改進党という「主義の党」の分裂、加えて自由党の四分五裂である。兆民の党派論が繰り返され、これにもとづいての大同団結の訴えが兆民の政論活動になる。私が兆民の言論の頂点と評価する東雲新聞時代のことである。そこで、「大阪党」という地方党のモデルが提示された。

おそらく、兆民の言論活動は国会開設請願運動という結社の乱に出遅れ、自由改進両党という主義の党、あるいは近代の議会主義政党たるべき政党の時代に遭遇するなり、挫折退場してしまったのである。徳富蘇峰のようには政論家として時代の波に乗ることができなかった。徒労の感を以て国会を後にしたのだろう。
一般意志の下での団結というルソーの政治体を継ぐのは、兆民でなくもう一人の東洋のルソー、つまり北一輝の国家社会論であり、これに鼓舞された昭和の国体論過激派だというのが私の見方である。

だがそれにしても、政治の実際のどうしようもなさを知りながら、兆民はどうして民権派の運動に深入りし続けたのだろう。馬場辰猪のように早々に脱退することだってできたろう。板垣退助など自由党の中心人物たちとの腐れ縁もあったろう。運動への関りには所詮こうした事情が付きまとう。その上でコメントしておきたいのだが、まずは日本人民の個々人、とりわけ民権人士たちにたいして道徳的自立を要求する。開化に浮かれるでもなく、かといって武家の仕来りの墨守でもなく、西欧人の自由独立と東洋の道義を往復結合させる独特の道徳観が兆民を動かした。リベルテー・モラルである。

だが、実際に政治運動に深入りする大同団結以降、現実政治のうちの何かが兆民を動かすようになる。一種の権力意志とでも言おうか。権力と言えば、派閥の小独裁者とも、反対に理念への立て籠もりにもなりうるが、それとは違う。本人の政治的資質いかんともかかわらない。政治集団どうしの競合という政治の場では、個々の登場人物や場面を超越した抽象的とも言える力が働く。一般意志の顕現だ。一般意志は一つの政治体に閉じ込められてなどいない、政治体を越えて暴走する。これに乗り移りこれを乗りこなすことに政治の真実がある。そう感じさせる瞬間がある。兆民の人物像やその政治事情に私の関心は向かわないが、それでも政治の瞬間の真理が兆民を突き動かすことがあったのではと想像している。政治路線の過激とはこの瞬間の持続を志向することだ。政論家はこの瞬間を何とか言葉にしようとする。この言葉を読み取ることがまた政論家の資格でなければならない。この瞬間が政治の場面から消滅するとき、政論家は退場の機を捉えねばならない。

この間、いかにも平明な福沢諭吉の政党内閣制の英国モデルは、明治一四年の政変の瞬間に消滅する。近代的立憲制への漸進的な歩みが頓挫してしまう。立憲改進党の体たらくにして然りであった。しかし振り返ってみれば、昭和初期の短い時期を除いて、今日に至るまでこの日本にこのモデルが実現することはない。民主主義というより議会主義のモデルである。そしてこの欠如の陰で、右であれ左であれ、日本の過激が出没を繰り返してきたのである。私が兆民の政治文書に読もうとしたのも、この歴史のはしりであったかもしれない。

板垣と大隅、しぶとい二人

ところで、兆民が国会を去ってから八年ほどが経った明治三一年、自由党と旧改進党が合同して憲政党を結成し、次いで大隈・板垣内閣が成立した（隈板内閣）。伊藤博文が自ら独自の政党を作ろうとしてなかなか成功せず、政権運営が行き詰まった時点での伊藤の選択だった。大臣は天皇にたいしてのみ責任を持つのであって、イギリス下院のように多数党の党首が首相になるのとは違うのだと、伊藤は二人に釘を刺したという。すでに二九年には板垣が伊藤内閣に、大隈が松方内閣に入閣を果たしている。そして今回は、旧自由党三人と改進党系五人が晴れて入閣を果たした。いずれも党籍は離脱しての入閣である。

それにしても、板垣と大隈、二人とも民党としてよくもしぶとく生き延びてきた。両人による内閣成立直後の総選挙では憲政党は二六三議席を占めたから、衆議院の独裁状態である。だが、この内閣もわずか四か月で両派のポスト争いから崩壊する。大隈系は憲政本党を結成し、板垣の憲政党と並んでまた民党に戻ることになる。

伊藤による政党結成の試みにもあるように、要は議会と政党を無視しては藩閥政府の運営が以前のようにはいかなくなっているのである。かといって、元勲たちが内閣の超然主義を棄てる気はさらにない。その一種のつじつま合わせの組閣工作が目まぐるしく続いてきた。兆民がさじを投げて以降の政治史は、まるで政界史とでもいうほかない。それでいて、日清戦争（明治二七年）から日露戦争（明治三七年）へと、列強の仲間入りを果たすべき国際政治の試練の時期が重なる。民党、ことに自由党の歩みを、異端から近代議会政党への脱皮の歩みとして追うことができようか。そうではない、消滅だ。板垣の憲政党は伊藤に党首就任を求め、次いで自ら解党して、伊藤がようやく結成にこぎつけた政党（政友会）に合流することになる。政友会を乗っ取ったのか政友会に飲み込まれたのか。いずれにしてもこの時点で、自由党は自ら消え去る形でその歴史を閉じた。維新新世代による明治三四年からの桂園内閣時代になれば、もう党の名前を聞くこともない。自由党（そして改進党）とは要は何だったのだ。

結党の精神という呪縛

第一議会での政府予算削減問題をめぐって、金額など問題ではないと兆民が唱えたことはすでに見た。ありていに言って藩閥政府を追い詰める議会戦術だった。ただ、そこには上奏権行使により帝国憲法を議会側に奪還する（点閲）という、兆民の国会論が隠されていたことは明らかである。そして、これ以降の議会においてもこの予算削減問題がいつもついて回ることになる。初めの二年間は例の憲法六七条の解釈権が争われたのだが、じきに予算歳出増の否決そして解散、総選挙後の交渉と妥協、あるいは内閣不信任と上奏、こうしたサイクルを踏む議会主義によくあるマナーが定着していく。同時に、板垣自由党の政権への割り込み工作、「積極的の手段」という現実主義が顕著になっていく。二八年、日清戦争後の第九議会になれば、第二次伊藤内閣との提携へ向けて、林有造・栗原亮一、次いで林・河野広中・松田正久が窓口になり板垣の入閣を工作するようになるという。自由党の懐かしい顔ぶれである。翌年には板垣はなんと内相として入閣する。

だが、戦後民主主義の日本でもよく見られたように、野党が政府提案の政策に反対して、しばしば反対のための反対だと非難を受ける。この仕来りのうちに、結党の精神とかイデオロギーだとかがなお跡を引いており、無意識にもこれが野党の行動を縛る。そういうことが頻発するとともに、なし崩しに交渉と妥協の現実主義的な政党に変貌していく。同じようなことで、兆民の言論が表現していたような自由党の精神という母斑が、第一議会での「土佐派の裏切り」にもかかわらず、容易にはこの党から消えてはくれない。たんに国会初発の精神ではない。他ならぬ兆民の言論をつうじて、はるかに一四年政変までの初期自由民権運動の精神が、議会政治のビヘイビアのうちでもなお尾を引いており、自由党をして議会主義政党へと即座に脱皮することを阻んでいたのかもしれない。

同じことは、むろん別の意味でだが、明治維新の元勲たちによる藩閥政府のビヘイビアをも規定した。超然主義である。憲法発布に際して黒田清輝が強調したように、政府は断然政党の外に立たねばならない。自らの与党を議会に育成結成することは「幕府」だとして忌避された。なにしろ、かつて幕府を倒し王政を復古した者たちの政府だからだ。この意味で、民党すなわち自由党と改進党だけが、明治憲法体制では特異的に「政党」だったのである。政府と民党の間に形成される議会の中間派（温和派）もまた、政党たることを忌避し続けた。

藩閥政府と民党との明治二、三〇年代、このもつれた関係が外からは二つの戦争を通じた圧力により、内では明治天皇による度重なる調停に助けられて、最後に長期の桂園内閣時代へと決着する。英国モデルの政党内閣制はついにならず、一種奇態な政治運営、明治憲法体制である。桂園内閣とは政権のたらい回しの安定期であり、その本質は政党というもの消去、とりわけ明治の時代をかけた自由党の消滅の中にある。ここでは、次の時代の政党政治、つまりは保守党と社会民主党の二大政党による議会政治の芽も育つことがなかった。あるいは、マルクス主義とロシア革命の影響とが、大正デモクラシーの議会政治をも左右、上下から押し流してしまった。

あとがきに代えて

中江兆民全集一七巻が一九八〇年代に刊行されたとき、「念のために」とこれをそろえておいた。それが最近になって初めて手に取ることにしたのだが、そのきっかけの一つが、坂野潤治の『明治デモクラシー』を読んだことであった。明治一四年までの自由民権運動の中で、植木枝盛や坂本南海男たちの愛国社が、「私立国会」という奇妙な題目の主張をしていたこと、これがルソーの影響であることが坂野の指摘だった。こうなれば、社会契約論を翻訳して彼我の仲介者となった兆民に思いが行く。それに、坂野の本書はその最初と最後にわざと北一輝を引用して、「明治デモクラシー」の始めと終わりをいわば総括させている。日本近代史学にたいする挑発である。史学とは無関係の私だが、本書を読むと坂野の目の付け所が、ほとんど手に取るように分かるという感想を持った。そして私の評価は多くの箇所で坂野とは違っていた。それというのも、ルソーと北一輝とくれば、自分の旧著『超国家主義の政治倫理』（一九七七年）のことに思い至らざるをえない。では、中江兆民を読んでみようか。兆民は東洋のルソーと呼ばれていたし、これにあやかって北一輝は「東洋のルソー出ず」と自らを売り出していたではないか。

坂野潤治は大学を退職してからはアカデミーの禁欲を解いて、著書で私事に及ぶことも避けないようになる。『近代日本の国家構想』の文庫版あとがき（二〇〇九年）にこうある。「いわゆる安保挫折派に属する筆者は、本書執筆以前にあっては、価値中立的な歴史分析につとめていた。安保転向者の自分には、保守、中道、急進のどの派の人物についても、批判する資格はないと言いきかせてきたのである」。私は坂野と同年同月同じ東京の生れである。一九六〇年の安保改定反対闘争では、坂野は全学連東大教養部の中心メンバーで共産主義者同盟（ブント）の一員だった。教養部にはほかに、加藤尚武、河宮信朗、それに西部邁がいた。そういえば、中江兆民の人物の全体像となれば、これはもう西部邁である（『中江兆民　百年の誤解』）。この三人は別として私は坂野とはろくに口をきいたこともなかった。最後の立ち話の記憶では、何がきっかけだったか、当時全学連だった者は樺美智子のことを話題にしてはならないのだと坂野は私に言った。話題にする仕方次第ではないかと私は受け答えしたが、それでもだめだと坂野はかたくなだった。その坂野も二〇二〇年に亡くなった。

　話題の仕方次第だと私が反論した時のその語り口とは、これは別のところで記したことだが、例えばこんなことであったろう。樺美智子は安保闘争の六月一五日に亡くなっている。この事件の後に、「彼女にはまだやることがたくさん残されていた」と茨木のり子が書いた。あたら若い命を、ということではない。六〇年安保闘争と高度経済成長とを背景として、マルクス主義と社会主義の足枷が自然消滅していき、これから解き放たれたはいいが、思想のあちこちの分野に六〇年代の底深い空白が生じてくる。この空漠のただなかで何をするにしても、孤立無援のまま立ち向かわねばならない負荷がある。樺美智子は坂野が進学するはずの同じ国史科の学生だった。卒業論文に係りきりでデモの時だけの参加だと話していた。卒論のテーマが何であれ、かの戦後史学の瓦解の跡を埋める作業を一からやり直すことが彼女の仕事には課せられていたはずであった。そこから研究の新機軸も生まれたであろう。

同じことは坂野潤治の日本近代史研究でも言えたはずである。いくつもの新機軸を切り拓いて研究を進めたことは、『明治デモクラシー』でも『近代日本の国家構想』でもそのあとがきに自ら表明しているところである。安保闘争から放り出されて、坂野にもやることがたくさん残されていたのである。何が安保転向組か、批判する資格がどうしたのだ。「一九八九年のベルリンの壁の崩壊の頃から、筆者以外の多くの日本近代史研究者も社会主義の放棄を迫られ、歴史上の人物を裁く根拠を失い始めた。同じ頃筆者は、逆に価値中立的な歴史叙述に興味を失っていた。そういつまでも〝挫折〟に付合ってはいられない、と思い始めたのである」。そうではあるまい。同じことはすでに六〇年代を通じて進行していたはずであり、「価値中立的な歴史分析につとめていた」坂野の孤独は、時代にたいするありふれた反応だったろう。

『明治デモクラシー』における北一輝の援用については先に触れた。冒頭では、日本の場合、民主主義は近代革命（明治維新）成立の後に、「下からの努力」によって築かれねばならなかったとする北の指摘である。「下からの民主主義」への息吹として明治デモクラシーを評価するという坂野の目論見につなげられる。そして最後は、国家主義者でなく社会民主主義者として、北は「明治デモクラシーを継承発展させた」としている。「安保転向組」が北一輝を（社会）民主主義者と評価するのは近年の風潮であり、『国体論及び純正社会主義』のこうした読み方は可能であると思う（例えば古賀暹『北一輝』）。しかし逆にこれでは、北の革命主義と昭和の青年将校にたいするその影響とをなしにしてしまう。私の読み方がこちらの方であることは、本文でも縷々述べた通りである。私はもともと民主主義に思想的関心を持ったことはない。デモクラシーと言い換えても同じことである。

明治デモクラシーの坂野のもう一つの評価は、福沢諭吉の英国流二大政党制に置かれている。そしてあれから百年以上、二〇〇九年の日本で福沢らの目指したものがようやく入口に差し掛かっている。『近代日本の国家構想』文庫版あとがきにおいて、「日本政治の新しい一歩」として坂野が心から喜んでいると書いたこの「入口」とは、戦後の万年与党自民党を退場させた民主党政権の誕生のことであるに違いない。とんだ見当違いであった。今日の日本では社会のあらゆる分野で諸勢力諸動向がすくみ合って、何も動かない、動かせない。新型コロナウイルスのパンデミックが、すくみ足状態をますます耐え難いものにしている。どこかでシャッフル（攪拌）しないといけない。それがどこで、何なのか。もとよりここで私が口を突っ込むことではない。

本書で私が描いたのは、明治のあの時代に一人の政論家がいたこと、それだけである。

長崎浩（ながさき　ひろし）

一九三七年生まれ。一九六〇年、東京大学理学部卒業。大学院数物系中退。六三年から七〇年まで、東京大学物性研究所助手。以降、東北大学医学部、東京都老人総合研究所、東北文化学園大学に勤務。第一次共産主義者同盟で活動、東大全共闘運動に助手共闘として参加。

主な著書

『叛乱論』合同出版、一九六九年、〔新版〕彩流社、一九九一年
『結社と技術――長崎浩政治論集』情況出版、一九七一年
『政治の現象学あるいはアジテーターの遍歴史』田畑書店、一九七七年、〔新装版〕世界書院、二〇一九年
『超国家主義の政治倫理』田畑書店、一九七七年
『革命の問いとマルクス主義――階級、自然、国家そしてコミューン』エスエル出版会、一九八四年
『七〇年代を過る――長崎浩対談集』エスエル出版会、一九八八年
『日本の過激派――スタイルの系譜』海燕書房、一九八八年
『１９６０年代――ひとつの精神史』作品社、一九八八年
『世紀末の社会主義――変革の底流を読む』筑摩書房、一九九〇年
『日本人のニヒリズム』作品社、一九九二年
『からだの自由と不自由』中公新書、一九九七年
『技術は地球を救えるか――環境問題とテクノロジー』作品社、一九九九年
『思想としての地球――地球環境論講義』太田出版、二〇〇〇年
『動作の意味論――歩きながら考える』雲母書房、二〇〇四年
『叛乱の六〇年代――安保闘争と全共闘運動』論創社、二〇一〇年
『共同体の救済と病理』作品社、二〇一一年
『革命の哲学――１９６８叛乱への胎動』作品社、二〇一二年
『リアルの行方』海鳥社、二〇一四年
『乱世の政治論――愚管抄を読む』平凡社、二〇一六年
『摂政九条兼実の乱世――『玉葉』をよむ』平凡社、二〇一八年
『幕末未完の革命――水戸藩の叛乱と内戦』作品社、二〇一九年
『叛乱を解放する――体験と普遍史』月曜社、二〇二一年
『国体と天皇の二つの身体――未完の日本国家物語』月曜社、二〇二二年

中江《なかえ》兆民《ちょうみん》と自由民権運動《じゆうみんけんうんどう》

長崎《ながさき》浩《ひろし》

二〇二三年四月二〇日　第一刷発行

発行所　有限会社月曜社

発行者　神林豊

〒一八二‐〇〇〇六　東京都調布市西つつじヶ丘四‐四七‐三
電話〇三‐三九三五‐〇五一五（営業）／〇四二‐四八一‐二五五七（編集）
ファクス〇四二‐四八一‐二五六一
http://getsuyosha.jp/

編集　阿部晴政
装幀　中島浩
印刷・製本　モリモト印刷株式会社

ISBN978-4-86503-161-4

長崎浩

叛乱を解放する——体験と普遍史

新左翼とは何だったのか。「叛乱論」の著者が、自身の政治的軌跡を振り返りながら、世界史的経験としての日本の 1968 を省察する。内ゲバ論・党派論（書き下ろし）、ブント秘史、社会を震撼させた伝説の「三里塚、対政府交渉報告」など、新左翼運動の深層から現在を問う論考群。本体価格 3,200 円

◉

国体と天皇の二つの身体——未完の日本国家物語

国体明徴運動、二・二六事件、三島由紀夫などから日本国体のもつれた糸を解きほぐし、天皇・国家と近代を全く新たな視点から問い直す——西洋流儀の政治身体と自然身体、これに重ねて自然身体における神と人として天皇は存在し、この二重のコンプレックスが戦前昭和の国家をなしていた——。本体価格 3,000 円

古井由吉——永劫回帰の倫理

築地正明

古井由吉はなぜ厄災と戦争と病を書きつづけたのか。その文学の深みに迫り、批評史の新展開へ挑む、新鋭による作家論。
安藤礼二氏推薦「滑稽にして厳粛、遊行者にして予言者、無縁となった無数の死者たちの「墓守」……。繰り返される厄災の記憶のなかで、表現の聖なる主体が立ち上がる。そこでは、《永遠の現在》と歴史が、見ることと聞くことが、現実と虚構が、生と死が一つに入り混じり、あらゆる時間、あらゆる「私」の共生が可能になる。論理と情熱が共振する、未曾有の作家論にして文学論がここに生まれた。」

本体価格 3,000 円